新时代课堂变革与创新丛书

走进生成课堂

ZOUJIN
SHENGCHENG
KETANG

宋灵青　谢幼如　邱　艺/编著

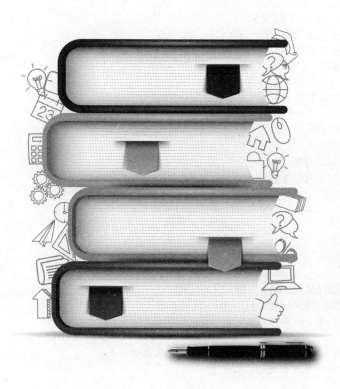

XINSHIDAI KETANG
BIANGE YU
CHUANGXIN CONGSHU

北京师范大学出版集团
BEIJING NORMAL UNIVERSITY PUBLISHING GROUP
北京师范大学出版社

图书在版编目(CIP)数据

走进生成课堂/宋灵青，谢幼如，邱艺编著. —北京：北京师
范大学出版社，2022.2
(新时代课堂变革与创新丛书)
ISBN 978-7-303-27654-7

Ⅰ.①走… Ⅱ.①宋… ②谢… ③邱… Ⅲ.①课堂教学—
教学研究—中小学 Ⅳ.①G632.421

中国版本图书馆 CIP 数据核字(2021)第 277503 号

营　销　中　心　电　话　010-58802135　58802786
北师大出版社教师教育分社微信公众号　京师教师教育

ZOUJIN SHENGCHENG KETANG
出版发行：北京师范大学出版社　www.bnupg.com
　　　　　北京市西城区新街口外大街 12-3 号
　　　　　邮政编码：100088
印　　刷：天津旭非印刷有限公司
经　　销：全国新华书店
开　　本：787 mm×1092 mm　1/16
印　　张：12.25
字　　数：195 千字
版　　次：2022 年 2 月第 1 版
印　　次：2022 年 2 月第 1 次印刷
定　　价：46.00 元

策划编辑：郭　翔　　　　责任编辑：朱前前
美术编辑：焦　丽　　　　装帧设计：焦　丽
责任校对：陈　民　　　　责任印制：马　洁

主要编写者

编　　　著：宋灵青　谢幼如　邱　艺
参 编 人 员：黄瑜玲　黎　佳　赖慧语　杨　阳
　　　　　　　钟惠文　刘亚纯　吴嘉瑶　邹园园
　　　　　　　倪妙珊　李　伟

前　言

创新是一个民族进步的灵魂，是一个国家兴旺发达的不竭动力。千秋基业，人才为本。习近平总书记强调，"盖有非常之功，必待非常之人"。人才是科技创新最关键的因素。当下，新一轮科技革命和产业革命大规模快速发展，创新型人才不断成为经济社会发展的重要资源之一。更好地培养适应未来社会需求的创新人才，已成为新时代教育改革与前进的重要方向之一。

生成课堂是以生成性教学理念为指导，师生在弹性预设的基础上充分交互，动态调整教学目标、内容、行为与活动，共同建构并生成新的信息和资源，从而实现预设目标和产生附加价值的新型课堂。长久以来，对教育工作者来说，发现和培养创新人才是职责所系，而课堂是人才培养的主要渠道。这就需要以构建生成课堂为着力点落实立德树人根本任务，呼应课堂变革总体行动，培养拔尖创新卓越人才，彰显新时代课堂变革的价值与使命。

多年来，本研究团队深入课堂前沿阵地，开展生成课堂的理论研究与创新实践，对标新时代创新人才培养需求重构课堂教学价值观，揭示生成课堂的生成路径，打造生成课堂的支持环境，评价生成课堂的生成结果，形成了生成课堂的理论模型，探索出生成课堂的推动机制与实施策略，从而构建了生成课堂理论体系。在此基础上，归纳生成课堂的教学设计方法，总结生成课堂的典型教学模式，并提出生成课堂的教师胜任力体系。

本书内容共六章。第一章从新时代创新人才培养路向出发，展现知识生成基本理论，明确生成课堂现实价值；第二章明晰生成课堂内涵特征，从生成路径、支持环境、生成结果、推动机制和实施策略等方面系统构建生成课堂理论模型，为生成课堂的教学实践提供理论支撑；第三章融合智能技术支持，展现基于教学互动工具、网络学习空间、在线开放课程的生成环境构建与实践应用；第四章以教学设计理论为指导，面向一线课堂教学，总结归纳生成课堂的教学设计方法，紧贴一线课堂教学打造出丰富多样的生成课堂典型模式，包括语文阅读生成课堂模式、数学方法生成课堂模式、英语口语生成课堂模式、科学探

究生成课堂模式、美术绘画生成课堂模式、音乐创编生成课堂模式等；第五章
梳理了生成课堂的评价方法及相关指标体系，同时面向小学语文阅读方法生成
课堂、小学数学问题解决能力生成课堂、小学科学探究能力生成课堂等开展评
价实践；第六章提出生成课堂的教师胜任力体系，以供广大一线教师快速上手，
打造属于自己的生成课堂。

　　本书的案例来自本研究团队多年来的研究与实践。近年来，本研究团队依
托教育部政策法规司课题"信息化背景下未来教育研究"，并以广州市创建全国
智慧教育示范区为契机，开展"广州'教育 u 时代'提升工程""广州市中小学智慧
校园实验研究"等项目研究，发表了一系列学术论文，如《智慧学习环境下小学
语文阅读课生成性教学路径的探究》(《中国电化教育》，2016 年第 6 期)、《网络
学习空间建设应用新范式：知识生成视角》(《中国电化教育》，2018 年第 9 期)、
"Development and Effect of Primary School Chinese Reading Generative Classroom
Model in the Intelligent Environment"(*Blended Learning*. *Education in a Smart
Learning Environment*. ICBL 2020，EI 检索)等，形成了一大批生成课堂教学案
例与研究成果，并在全国中小学发挥着积极的示范辐射作用。

　　本书由中国电化教育杂志社编辑部主任宋灵青博士和华南师范大学谢幼如
教授主持撰写，华南师范大学博士生邱艺负责第一章、第二章的撰写，南方医
科大学黄瑜玲、广州中医药大学黎佳、广州大学杨阳、广州美术学院邹园园、
华南农业大学倪妙珊、暨南大学李伟以及华南师范大学研究生赖慧语、钟惠文、
刘亚纯、吴嘉瑶等积极参与部分内容的撰写。在此表示诚挚的谢意！

　　由于教育信息化发展迅猛，生成课堂的理论和方法还有待于在实践中进一
步探索完善，加之作者水平有限，不足之处在所难免，希望广大读者予以批评
指正。

作者

2021 年 6 月

目　录

第一章
新时代呼唤生成课堂

→ **内容结构**

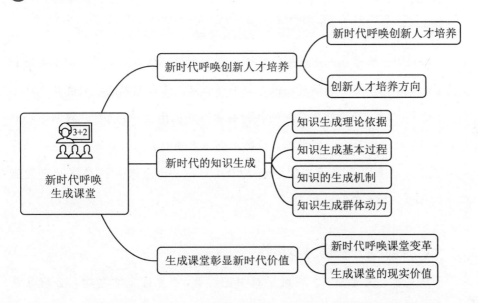

创新是一个民族进步的灵魂，是一个国家兴旺发达的不竭动力。当下，新一轮科技革命和产业革命大规模快速发展，创新型人才不断成为经济社会发展的重要资源之一。更好地培养适应未来社会需求的创新人才，已成为新时代教育改革与前进的重要方向之一。课堂是教育的主战场，是人才培养的主渠道，是立德树人的主阵地，也是教育发展的核心地带。课堂一端连接着学生，另一端连接着民族的未来，所有教育改革的成效都会反映在课堂上。这就彰显出向课堂要教育质量和效率，培养德智体美劳全面发展的社会主义建设者和接班人是一切教育改革的价值共识。马克思认为，"整个所谓世界历史不外是人通过人的劳动而诞生的过程，是自然界对人来说的生成过程"[①]。生产是生成的，社会关系是生成的，所以人的本质也是生成的。这就意味着人并没有一个现成的、

[①] 《马克思恩格斯全集》第 3 卷，310 页，北京，人民出版社，2002。

固定不变的抽象本质，而只有现实的、具体的、历史的本质。① 生成性思维所彰显出的重过程而非本质，重关系而非实体，重创造而反预定，重个性、差异而反中心、同一，重非理性而反工具理性和重具体而反抽象主义六大特征② 与创新人才所表现出的基本特征具有较高的契合度，从而为构建信息技术支持下的生成课堂、培养新时代创新人才提供了方向。

第一节　新时代呼唤创新人才培养

发展是第一要务，人才是第一资源，创新是第一动力。中国如果不走创新驱动道路，新旧动能不能顺利转换，是不可能真正强大起来的，只能是大而不强。走进新时代，经济社会发展的各行各业不断拥抱以 5G 网络、数据中心和人工智能为代表的新型基础设施，社会对创新人才的需求日益增长，这迫切呼唤以促进知识生成为抓手加快创新人才培养，以适应未来的经济社会发展需要。

一、　新时代呼唤创新人才培养

千秋基业，人才为本。习近平总书记强调，"盖有非常之功，必待非常之人"。人才是科技创新最关键的因素。③ 创新的事业呼唤创新人才。实现中华民族伟大复兴，人才越多越好，本事越大越好。知识就是力量，人才就是未来。④ 走进新时代，随着新一轮科技革命和产业变革的加速拓展，社会对创新人才的需求日益增长，迫切呼唤多领域发力，多渠道协同培养创新人才。

早在 20 世纪末，我国学者就在大量的教学实践和研究成果的基础上提出

---

① 邹广文、崔唯航：《从现成到生成——论哲学思维方式的现代转换》，载《清华大学学报》，2003(2)。

② 李文阁：《生成性思维：现代哲学的思维方式》，载《中国社会科学》，2000(6)。

③ 本报评论员：《培养创新人才汇聚强国力量——八论新中国 70 年科技发展经验》，载《科技日报》，2019-09-26。

④ 摘自习近平：《在中国科学院第十七次院士大会、中国工程院第十二次院士大会上的讲话》，载《人民日报》，2014-06-10。

通过提升学生创造力培养创新人才，并对发散思维能力、辩证批判思维能力、隐喻联想思维能力和其他有助于培养创新思维的非智力因素四个方面进行了论证。① 当下，有关创新人才培养的研究主要聚焦在高等教育领域，并在培养路径、模式、机制等方面不断深入。有学者认为培养创新人才是大中小学的共同而有区别的责任，并提出大中小学创新人才培养的协同联动模式。② 在基础教育领域，张咏梅以培养学生设计思维为导向，构建以设计驱动创新为导向的课程，并依托该课程开展教学实践，形成了高中、大学教育紧密衔接的合作模式，构建出以联动社区、服务社区为实践形态的创新人才培养路径；③ 魏小山依托以"全人发展"为理念的创客教育，结合多年以来的一线创客教学实践，构建了区域性中小学创客教育实施模型，并从创设虚实结合的创客空间、培养创客教育师资、开发创客教育课程体系和培植创客文化四个方面探讨区域性中小学创客教育实施路径。④ 可以看出，创新人才培养已融入教育教学的各个方面，具备生成和创造能力是创新人才的特征之一。

培养创新人才，即需要以构建生成课堂为抓手培养拔尖创新卓越人才。长久以来，对教育工作者来说，发现和培养创新人才是职责所系。中国特色社会主义进入了新时代，培养时代需要的创新人才，以教育创新与新时代同频共振⑤，是新时代教育的使命之一。当下，以构建生成课堂为抓手培养拔尖创新卓越人才，以创新人才为重要资源，坚定实施创新驱动发展战略，强化创新第一动力的地位和作用，突出以科技创新引领全面创新，对把加快建设创新型国家作为现代化建设全局的战略举措的实施具有重大而深远的意义。

---

① 岳晓东、龚放：《创新思维的形成与创新人才的培养》，载《教育研究》，1999(10)。

② 刘彭芝、周建华、张建林：《整体构建大中小学创新人才培养新模式的研究与实践》，载《教育研究》，2013(1)。

③ 张咏梅：《以设计思维为导向的创新人才培养模式初探——以上海市同济黄浦设计创意中学为例》，载《创新人才教育》，2018(2)。

④ 魏小山：《创新人才培养视角下中小学创客教育区域实施路径探析》，载《教育信息技术》，2017(Z2)。

⑤ 刘彭芝：《为新时代培养更多创新人才》，载《人民日报》，2018-02-01。

二、 创新人才培养方向

顾明远指出，我们提倡学生参加丰富多彩的课外活动，目的是增强学生的学习兴趣，发展学生的特长，扩大学生的视野，是对课堂教学的有力补充，是把课堂上学习的知识应用于实际的重要形式，但始终不能忽视课堂教学的主渠道作用。首先，课堂教学是完成国家课程标准的主要形式；其次，课堂教学是培养发展学生思维的主渠道；再次，学习不是个人的事情，需要在集体中进行；最后，课堂教学要靠教师来实施。① 可以看出，无论培养何种人才，以变革课堂教学为切入点都具有十分重要的意义。

具备开放创新意识、多元创新思维和跨学科创新能力是知识创生人才的表征之一。知识是信息通过加工后得到的重要产物之一，而将知识激活后用于解决问题和创新则是个体智能的一种重要体现。所谓创新能力，就是将知识激活后用于解决真实生活中复杂问题的一种思维活动和能力体现，从而为社会经济的发展创造新的价值。刘彭芝等人在深入研究创新人才的特征和成长规律的基础上，提出了大中小学、科研机构一条龙培养，中学和大学、科研机构的联合培养，以及学术型高中特色培养等七种大中小学协同创新人才培养模式；② 李政等人面向应用型创新人才理论与实践的融合创新特征，融合 SECI 知识创生模型提出了现代学徒制的技能人才培养范式；③ 罗洁通过对北京市实施"翱翔计划"的思考与实践的分析，形成了高中阶段创新人才培养模式。④ 由此可见，现有关于创新人才培养的研究大多关注课堂以外的其他因素，融合信息技术变革课堂教学，导致实现创新人才培养仍然需要进一步深入探索。

基于此，我们面对创新人才培养需求，响应课堂变革总号角，找出创新人才培养方向。该方向以信息技术支持课堂变革实现知识生成，达成培养新时代

---

① 顾明远：《课堂教学是培养人才的主渠道》，载《中国教育报》，2018-09-05。
② 刘彭芝、周建华、张建林：《整体构建大中小学创新人才培养新模式的研究与实践》，载《教育研究》，2013(1)。
③ 李政、徐国庆：《现代学徒制：应用型创新人才培养的有效范式》，载《江苏高教》，2016(4)。
④ 罗洁：《高中阶段创新人才培养模式的探索——北京市"翱翔计划"的思考与实践》，载《教育研究》，2013(7)。

创新人才的目标。其中，新型信息技术主要包括以 5G 网络、大数据和人工智能等为代表的新型基础设施。这些新型信息技术的融入所带来的技术思维使得重构课堂教学设计、再造课堂教学模式和重塑课堂教学评价成为课堂变革的主要方式，在此基础上实现学习者的创新知识生成、创新能力生成和创新素养生成，最终彰显知识的育人价值，培养新时代创新人才。

第二节　新时代的知识生成

在知识经济时代，知识并非一成不变，而是一种流动性质的综合体。它不仅具有结构，而且是一种动态的、不断生成的过程。继续采用以往的"构成论"等观点看待知识已产生了很大的局限性，生成的观点呼之欲出。当今社会，学习的含义悄然变化：一方面，人类学习不再局限于习得知识、建构知识，逐步向生成知识迈进；另一方面，学习不仅仅是知识的消费和传承活动，还是一种产生和创生的活动。这就要求当下的课堂教学不仅要完成知识的传承，而且要在丰富的互动中体现知识在生成过程中的育人价值，从而培养德智体美劳全面发展的新时代创新人才。

一、 知识生成理论依据

（一）生成的内涵

在《辞海》中，"生成"的意思是"变易"。《现代汉语词典》中将"生成"解释为"（自然现象）形成"。在《教育大辞典》中，"生成"被认为是意义建构的过程，是指学习者通过信息相互作用、主动构建信息、意义生成，改变原有认知结构的过程。从过程看，生成包括"生"和"成"两个方面："生"指产生、出生，即事物从无到有；"成"则强调事物的变化及其结果。可见，"生成"体现出"产生—生长—形成—成果"这样一种过程。英文中，"生成"常用"generate"或"generative"等单词来表示，具有产生、形成、创造的意思；也可以翻译为"produce"或者"becoming"，意为变成某物。不同的英文翻译均体现了"生成"所包含的两重含义，即产生的过程与结果。

在哲学层面，"生成"一词第一次出现是在德国著名哲学家黑格尔

(Hegel，1770—1831)的逻辑学范畴中。① 黑格尔指出，"生成"就是"有"(或"存在")和"无"(或"非存在")的统一，而且"有"和"无"之间可以相互过渡。但其所谓的"生成"观点只是指绝对观念的发展变化，仍然属于古典哲学预成论的思维范畴。马克思指出："以一定的方式进行生产活动的一定的个人，发生一定的社会关系和政治关系。"②这就是说，在生产过程中产生社会关系，生产是怎样的，社会关系便是怎样的。生产是生成的，社会关系是生成的，人的本质也是生成的，这就意味着人并没有一个现成的、固定不变的抽象本质，而只有现实的、具体的、历史的本质。③ 这反映出哲学观由预成论转向生成论。

(二)知识的分类

创新是知识转化为智能的重要表征之一，也是知识被运用过程中的价值彰显。当下，世界处于百年未有之大变局，知识不再是固定不变的物质，逐步成了动态变化的综合体。知识是认识论范畴的概念，是关于事物运动的状态和状态变化的规律。④ 一方面，知识来源于数据所构成的信息，是人们实践经验的结晶；另一方面，知识是信息加工规律的抽象产物，被运用于问题解决过程并产生智能，也是智能的重要物质来源。"分而治之"是西方哲学中认识和解决复杂问题的重要方法论，现有的关于知识二元分类的观点十分普遍，如 Planyi(1958)⑤、Nelson 和 Winter(1982)⑥、Nonaka(1994)⑦、Nonaka 和 Konno(1998)⑧等将知

---

① 陶慧敏：《走向生成——生成性思维视阈下的当代教育的反思》，硕士学位论文，开封，河南大学，2006。

② 《马克思恩格斯选集》第 1 卷，71 页，北京，人民出版社，1995。

③ 邹广文、崔唯航：《从现成到生成——论哲学思维方式的现代转换》，载《清华大学学报》，2003(2)。

④ 钟义信：《知识论框架 通向信息—知识—智能统一的理论》，载《中国工程科学》，2000(9)。

⑤ [英]迈克尔·波兰尼：《个人知识》，许泽民译，贵阳，贵州人民出版社，2000。

⑥ Nelson, R. R. and Winter, S. G. (1982), *An Evolutionary Theory of Economic Change*, Cambridge, MA: Harvard University Press.

⑦ Nonaka, I. (1994), "A Dynamic Theory of Organizational Knowledge Creation", *Organization Science*, 5.

⑧ Nonaka, I. and Konno, N. (1998), "The Concept of 'Ba': Building a Foundation for Knowledge Creation", *California Management Review: Special Issue on Knowledge and the Firm*, 40.

识分为显性知识与隐性知识，Garud 和 Nayyar(1994)[①]、Bhagat 等人(2002)[②]将知识分为简单知识与复杂知识，Henderson 和 Clark(1990)[③]将知识分为部分知识与架构知识，Chua(2002)[④]将知识分为私人知识与公共知识。另外，也有部分学者通过研究与实践，在自身的实践经验和体验中突破了原有知识二元分类的观点，创新了知识分类的方法与形式，如 Long 和 Fahey(2000)[⑤]将知识分为个人知识、结构知识和社会知识，Spender(1996)[⑥]将知识分为自发知识、有意识的知识、客观知识和集体知识，Lam(2000)[⑦]将知识分为头脑知识、具体知识、嵌入知识和编码知识，Blackler(1995)[⑧]将知识分为文化知识、头脑知识、具体知识、嵌入知识和编码知识。与理论方面的理想化分类不同，站在实践立场上的知识分类试图凸显知识的组织实践内涵，如 Holsapple 和 Joshi(2001)[⑨]将知识分为图略式知识与内容式知识，Sveiby(2002)[⑩]将知识分为外部结构、内部结构和员工胜任力等。

[①] Garud，R. and Nayyar，P. R. （1994），"Transformative Capability：Continual Structuring by Intertemporal Technology Transfer"，*Strategic Management Journal*，15.

[②] Bhagat，R. S.，Kedia，B. L.，Harveston，P. D. and Triandis，H. C.（2002），"Cultural Variations in the Cross-border Transfer of Organizational Knowledge：An Integrative Framework"，*Academy of Management Review*，27(3).

[③] Henderson，R. and Clark，K.（1990），"Architectural Innovation：the Reconstruction of Existing Product Technologies and the Failure of Established Firms"，*Administrative Science Quarterly*，35.

[④] Chua，A.（2002），"Taxonomy of Organizational knowledge"，*Singapore Management Review*，24(2).

[⑤] Long，D. W. D. and Fahey，L.（2000），"Diagnosing Cultural Barriers to Knowledge Management"，*The Academy of Management Executive*，14(4).

[⑥] Spender，J. C.（1996），"Making Knowledge the Basis of a Dynamic Theory of the Firm"，*Strategic Management Journal*，17.

[⑦] Lam，A.（2000），"Tacit knowledge，Organizational Learning and Societal Institutions：An Integrated Framework"，*Organization Studies*，21(3).

[⑧] Blackler，F.（1995），"Knowledge，Knowledge Work and Organizations：An Overview and Interpretation"，*Organization Studies*，16(6).

[⑨] Holsapple，C. W. and Joshi，K. D.（2001），"Organizational knowledge resources"，*Decision Support Systems*，31.

[⑩] Sveiby K. E.（2002），Measuring intangibles and Intellectual Capital. in Morey，D.，Maybury，M. and Thuraisingham，B.（Eds.），*Knowledge Management*，MIT press，pp. 337-354.

纵观现有关于知识分类的研究可以发现，人类迄今为止所拥有的知识已经构成一个极其庞大的学科体系，不同的知识分类为不同视角的研究提供理论支撑，如果仅从某一具体的分类入手研究知识，就无法得出具有普遍意义的结论。从哲学观点来看，运动是物质的固有性质和存在方式，是物质所固有的根本属性。没有不运动的物质，也没有离开物质的运动。也就是说，无论何种分类的知识都源于人们的实践，都是关于事物运动的状态和状态变化的规律，即任何知识都具备外部形态、内部逻辑和主体价值。与之相对的形态性知识、内容性知识和效用性知识①就构成了知识的整体。

(三)知识生成

纵观现有研究，我们发现学术界尚未对知识生成这一内涵形成共识。构成主义一直占据知识论领域，成了极其重要的指导思想。构成主义视角下的知识拥有着无穷的二分，例如主体与客体、观察与理论、归纳与演绎和事实与价值等。这样无穷的二分割裂了知识作为整体的呈现形式，有着很大的局限性，就如同将人的健康单独使用身体健康或心理健康描述一般。从马克思开始，西方哲学出现了由科学主义世界观向生活世界、由本质主义向生成思维的转折。可以看出，科学的价值就在于通过生活应用实践验证并不断修改，这样的思想打破了知识的二分主义观，转而使用整体和生成的观念看待，中国传统文化中的"天人合一""阴阳共生"便能很好地解释这一思想。知识生成可以看作知识的突现，突现是知识产生的结果与方式，其本质是知识产生的一种方式。所以我们可以认为，知识生成是知识建构的一种特殊形式。这种知识建构包括两个部分，其一是知识的习得与产生，其二是对产生知识的外部激活。

二、 知识生成基本过程②

(一)知识的习得

在教育心理学中，知识认知的模式被图式（schema）这一概念表述。"图

---

① 钟义信：《"知识论"基础研究》，载《电子学报》，2001(1)。
② 邱艺：《基于网络学习空间的效用性知识生成过程研究》，硕士学位论文，广州，华南师范大学，2019。

式"一词源于古希腊文,原意是"外观、形象";在认知领域,图式被定义为从心理学理解认知的基本构造单元。康德(Kant,1781)将图式看作一种刺激物,并用这样一个概念帮助我们知觉世界的先天结构,以康德为代表的"先验论"是格式塔心理学的核心思想。康德在《纯粹理性批判》中提出,图式的目的是进一步说明先天的知性(纯概念、范畴)形式为何能综合统一后天的感性(直观、感觉)材料,也就是为了解决感性直观与知性纯概念何以能够连接起来的问题。[①] 与康德的"先验图式"思想不同,皮亚杰认为图式最初来自先天遗传,如婴儿的吮吸行为,这是一种无条件的反射,而随着后天与环境产生相互作用,就在适应环境的过程中不断丰富起来,如婴儿知道什么东西可以吮吸,而什么东西不可以。可以看出,图式发展的过程就是个体心理发展的过程,也是个体适应客观世界的过程。这样的适应是一种动态平衡,一方面通过同化实现个体图式范围的扩展,另一方面通过顺应创生新的图式实现个体认知结构的改变。相较于皮亚杰对于图式较为模糊的表达以及图式是否存在的难以证明性,现代认知心理学基于知识学习观丰富和拓展了图式的类别和范畴。认知心理学将知识分为陈述性知识(declarative knowledge)和程序性知识(procedural knowledge)。陈述性知识的记忆组织即图式的生成,当个体将自身在类似事件中多次经验的共同元素提取出来时,图式便产生了。例如,对于一个以前没有乘坐过飞机的个人来说,当他多次来到机场,办理值机手续、通过安检并抵达登机口后,他就会产生乘坐飞机过程的个人图式。图式可分为自然图式、脚本图式和文本图式等。自然图式来自个体对自然产生的经验,如太阳从东边升起;脚本图式能够引导个体的行为、影响个体的预期,如事务处理流程;文本图式存储各种结构和信息,如文献、新闻或新媒体推文等,通过对不同结构和信息的了解,能够帮助个体理解及回忆。图式是个体进行知识认知的模式。从"先验论"到"条件反射论"再到现代认知心理学的图式论,个体对知识的认知都遵循"感知客观世界—顺应客观世界—改变认知结构"的过程,并给某种认知结构贴上各自的标签,实现模式识别,从而为把信息转变为知识的信息加工过程提供输入来源。

---

① 惠莹:《试论康德、皮亚杰和现代认知心理学的图式观》,载《社会心理科学》,2010(Z1)。

伴随着行为主义日益凸显的短板效应和计算机科学的不断发展，信息加工心理学应运而生。作为信息加工理论的创始人，加涅（Gagne）将计算机信息处理的过程与 Atkinson 和 Shriffin（1968）等人的学习与记忆理论相结合，于 1974 年提出了信息加工模型①，如图 1-1 所示。

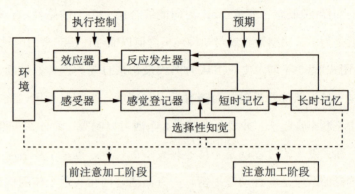

图 1-1　信息加工模型

该模型这样描述个体学习的过程：来自外部环境的刺激激活了个体的感受器，感受器将信息送入感觉登记器，感觉登记器中的信息通过选择性知觉进入短时记忆，短时记忆中的信息通过复述、加工和编码存入长时记忆。我们可以将信息进入长时记忆的过程称为"学"，而将长时记忆中的信息提取到短时记忆中去并通过反应发生器输出给效应器，从而产生相应的外部行为的过程可以称为"习"。在整个信息加工的过程中，学习的预期结果能够影响到个体的学习动机，而选择性知觉的规则和策略则会影响到个体的注意、编码和提取过程。

可以看出，知识的习得过程就是个体信息加工与提取应用的过程。个体通过图式产生认知，随后进行信息加工，从而实现对知识的学习。相对于行为主义来说，以信息加工为代表的认知主义将个体认知过程类比计算机的信息加工系统，打开了认知研究的新窗口。但个体选择性知觉的规则和策略均不相同，个体对学习结果的预期程度也不同，如何促进个体进行有效的信息加工值得进一步探索。

----

① Gagne, R. M. (1974), "Educational technology and the learning process", *Educational Researcher*, 3(1).

(二)知识的建构

现代认知心理学认为，知识是个体通过与其环境相互作用后获得的信息及其组织，存储在个体内的是个体的知识，存储在个体外的即为人类的知识。可以看出，知识的产生需要实体、环境与交互活动，且其不是凭空发生的，也不是孤立存在的，而是个体与环境互动的产物。在认知主义理论体系中，知识是相对客观的，是对现实世界事物的准确表征，具有"拿来就能使用"的特点。与认知主义知识观不同，建构主义强调知识的动态性与主观性，认为知识不是相对客观的，不能较准确地表征现实世界事物，也不是"放之四海而皆准"，需要针对具体的情境加以再创造。哪怕命题得到"普遍认同"，也不意味着所有的学习者会对这些命题有相同的和所谓准确的理解，因为不同学习者对同一命题的理解是建立在自己的经验背景和特定的情境下的。建构主义认为，知识并不是客观存在的，而是个体在实践活动中面对新事物、新现象、新问题所作出的暂时性假设和解释。

现有关于知识建构内涵的探讨主要存在知识拓展论、教育模式论和学习理论论三种观点。Bereiter(2002)认为知识建构不仅是个体知识的活动，也是对知识的拓展、丰富和创新。[1] Scardamalia 和 Bereiter(2003)认为知识建构是一种完善产品或社区价值观的具有迭代特性的教育模式。[2] McLean(1999)认为知识建构是一种强调小组中的学习者对于知识的协作建构的学习理论。[3] 赵建华(2007)认为知识建构是个体在某特定社区中互相协作、共同参与某种有目的的活动(如学习任务、问题解决等)，最终形成某种观念、理论或假设等智慧产品。[4]

综合上述分析，我们可以看出知识建构的几个特点。一是内生化，知识建

---

① Bereiter, C. (2002), *Education and Mind in the Knowledge age*, Mahwah: Lawrence Erlbaum Associates.

② Scardamalia, M. and Bereiter, C. (2003), *Knowledge Building*, *Encyclopedia of Education*(2nd ed.), New York: Macmillan Reference, USA, pp. 1370-1373.

③ McLean, R. S. (1999), Meta-communication Wwidgets for Knowledge Building in Distance Education, in Hoadley, C. and Roschelle, J. (Eds.), the Proceedings of the Computer Support Collaborative Learning (CSCL) 1999 Conference(Dec 12-15). NJ: Lawrence Erlbaum Associates.

④ 赵建华:《知识建构的原理与方法》，载《电化教育研究》，2007(5)。

构是"由里及表"的一系列心理活动过程的集合，是个体与环境交互后形成的个性化、暂时性的假设与解释。二是主题化，知识建构是针对某一明确的主题、任务或问题开展相关活动，最终实现目的的达成、任务的完成和问题的解决。三是协作化，知识建构需要个体融入群体中积极互动，通过充分协商后达成共识的群体知识，并内化形成个体知识。四是循环化，群体知识的拓展为个体知识的丰富提供有力保障，个体知识的丰富为群体知识的再次拓展提供新的知识建构基础，二者在真实情景中不断迭代上升，实现"站得高，看得远"，不断拓展知识边际。

知识建构活动主要由建构实体、建构环境和交互过程等方面组成。按照建构主体的不同，知识建构可以分为个体知识建构与协作知识建构。前者发生在个体内部，也就是个体在原有知识和经验的基础上不断创造出新的知识并完善与丰富自身原有知识网络的过程，个体知识建构过程是隐性的，也可以理解为不断的"自我顿悟"；而后者是在多个个体协作交互中发生的，个体在社群组织中不断与其他个体协商建立在自己经验基础上的个体知识，最终形成协议般的群体知识。Scardamalia 于 2002 年提出了知识建构的十二条原则，从建构条件、规则和策略等方面明确了知识建构的实践方向。①

知识不仅需要存储，而且需要运用，并在实践过程中产生新的知识，从而创造新的价值。协作知识建构能够清晰地展现知识产生的过程，所以对协作知识建构过程的研究十分重要。Harasim(1989)认为协作知识建构包括共商观点、互评观点、验证观点、互疑观点和协商综合五个阶段②；Gunawardena 等人(1997)聚焦协作知识建构中的个体活动，认为协作知识建构分为共享观点、协商比较、发现信息、分析差异和创造新知五个环节③；谢幼如提出了"共享—论

---

① Scardamalia, M. (2002), "Collective Cognitive Responsibility for the Advancement of Knowledge", *Liberal Education in a Knowledge Society*, 97.

② Harasim, L. M. (1989), *Online Education: An Environment for Collaboration and Intellectual Amplification*, Educational Evaluation Centre, Ontario Institute for Studies in Education.

③ Gunawardena, C. N., Lowe, C. A. and Anderson, T. (1997), "Analysis of a Global Online Debate and the Development of an Interaction Analysis Model for Examining Social Construction of Knowledge in Computer Conferencing", *Journal of Educational Computing Research*, 17(4).

证—协商—创作—反思"的基于问题的网络课堂协作知识建构模式①。

协作知识建构需要环境支持，近年来不断建设与实施的"网络学习空间人人通"为协作知识建构提供了有利环境。与此同时，学生在网络学习空间中学习和成长的过程，本质上就是广泛和复杂的协作知识建构。共享是知识建构的第一环节，在这个环节中，个体提出问题，并共享自己对问题的观点。共享是知识建构的开始，个体对问题表述的清晰程度和所选问题的真实性能够对知识建构的过程产生影响。随后就是协商，不同的个体根据自己的经验建构出自身对问题的理解，并不断地讨论推理、对比质疑。网络学习空间能够将讨论过程记录下来，一方面完整呈现知识建构的过程，另一方面也会为后进入的个体提供动态生成的知识。共识阶段是知识建构的精彩阶段，不同的个体之间通过不断对话，最终达成对某一问题的答案的共识，实现知识的创造与生成。在内化阶段，个体将共识知识内化，重塑自己的知识网络，不仅形成自己对共识知识的个性理解，也为下一次知识建构协商过程的实施提供知识基础。在应用阶段，个体将知识付诸实践，形成物化产物，并在实践的过程中发现新问题、形成新观点，为下一次知识建构的开展酝酿问题。

(三)知识的激活

知识的激活是知识生成的重要环节之一。Nijstad 和 Stroebe 等人认为，创意的生成是对联想记忆中观念的重复性搜索，一般包括两个阶段：知识激活和观念生成。在知识激活阶段，个体必须先从长时记忆中提取知识作为新观念的原料。② 知识激活包括获得与利用以前所获得的知识③，可分为分别以利用（exploitation）与探索（exploration）为特征的内部知识共享与外部知识共享。④ 认

---

① 谢幼如：《网络课堂协作知识建构模式研究》，博士学位论文，重庆，西南大学，2009。

② 王挺：《知识多元性和激活深度对创新思维的影响》，硕士学位论文，上海，华东师范大学，2014。

③ Marsh, S. J. and Stock, G. N. (2006), "Creating Dynamic Capability: The Role of Intertemporal Integration, Knowledge Retention, and Interpretation", *Journal of Product Innovation Management*, 23.

④ 张军、许庆瑞、张素平：《知识积累、知识激活与创新能力关系研究》，载《中国管理科学》，2014(10)。

知心理学家安德森(Anderson)于1976年提出了 ACT 认知模型,该模型指出激活在信息加工中起到了十分重要的作用,它控制着信息加工的速度。安德森认为,知识是以语义网络的形式保存在人的记忆中的,知识的存储、提取和运用依赖其组织方式"图式"。[①] 可以看出,当知识被激活运用之后,才能体现出知识本身的价值,从而创生更多的附加价值。知识的激活对于知识生成具有十分重要的作用。

知识的存量是非常巨大的,且知识之间存在着丰富的关系,它们组成了一个复杂的网状结构。我们类比人工神经元,对一个知识生成的过程进行数学描述,如图 1-2 所示。

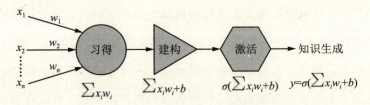

图 1-2　类比人工神经元的知识生成过程

我们将知识生成的三个重要步骤用圆形、三角形和六边形表示,三个模块分别完成知识习得、知识建构和知识激活工作,最终实现知识生成。由于知识习得需要接受不同的信息,所以输入习得模块的信息会有 n 个,我们分别记为 x_1, x_2……x_n。但是个体在完成知识习得时,不是接受所有输入的信息,而是有选择地接受输入的信息,这就需要确定每个信息对个体的重要程度,即权重 w_1, w_2……w_n。所谓知识习得的过程,就是先对每个信息和权重做积,再将所有结果求和,我们记为 $\sum x_i w_i$。在知识建构这一过程中,不同的知识交互、相互妥协,最终达成共识。达成共识的知识可看作在习得知识的基础上增加或减少了一部分内容,我们记为 $\sum x_i w_i + b$。建构后的知识需要某种环境、某种方法进行激活,我们将激活方法记为 $\sigma()$,随后将共识性内容代入激活方法中去,实现知识生成。

---

① 徐佳:《已有知识的激活对学生词汇发展影响的研究》,硕士学位论文,上海,华东师范大学,2010。

三、知识的生成机制

知识这一概念内涵十分丰富，对知识进行分类研究能够更加清晰地展现知识的内涵与价值。知识分类即按照不同视角将知识聚类，形成不同的分类方式与切入点，以为不同的研究提供支持。现有关于知识的分类大多呈现二元分类的趋势，如显性知识与隐性知识、简单知识与复杂知识、部分知识与架构知识、私人知识与公共知识等。但以上二元分类方式并不能够表述不同分类知识的共性特点，换言之，使用任何一种二元分类方式都不能够完整地描述知识。钟义信指出，无论何种分类的知识都源于人们的实践，都是关于事物运动的状态和状态变化的规律，即任何知识都具备外部形态、内部逻辑和主体价值。这就形成了形态性知识、内容性知识和效用性知识，构成了知识的"三位一体"。[①] 本书以形态性知识、效用性知识和内容性知识三类知识为例，分别阐述知识的生成机制。

（一）形态性知识的生成机制

形态性知识是描述事物外部形态的知识。例如，一个乒乓球是什么颜色、什么形状、多少重量等，这些是对乒乓球这一事物外部形态的具体描述。根据知识论框架，我们认为，形态性知识的生成机制如下。

第一，观察一个信息样本或事物，尽可能地提取此信息样本或事物的形态特征和运动状态特征（如大小、颜色、重量、形状、所发出的声音等），同时记录这些运动状态的变化方式（如在何种条件下会是什么颜色，偶然还是经常发出声音等）。

第二，观察第二个信息样本或事物，尽可能地提取此信息样本或事物的形态特征和运动状态特征，同时记录这些运动状态的变化方式。之后，将此信息样本或事物与第一个信息样本或事物进行特征比较，去除二者不一致的特征，保留二者共有的特征。

第三，把上述步骤重复 N 次，从而得到一组具有共性意义的信息特征集合 $G(N)$。

[①] 钟义信：《知识论框架——通向信息—知识—智能统一的理论》，载《中国工程科学》，2000(9)。

第四，排除不满足共性特征集合 $G(N)$ 的信息，继续观察新增的信息和被归入共性特征集合 $G(N)$ 的信息。当信息样本或事物持续增加后共性特征集合 $G(N)$ 的信息不再发生较大变化时，我们即认为共性特征集合 $G(N)$ 趋于稳定。

第五，将共性特征集合 $G(N)$ 命名为某"类"信息，完成形态性知识生成。

(二)效用性知识的生成机制

在讨论形态性知识的生成机制后，按照知识论的基本框架，应继续讨论内容性知识的生成机制。但是，这里需要先讨论效用性知识的生成机制。从认识过程来看，形态性知识和效用性知识都可以从外部信息中直接感知，而内容性知识只能通过对形态性知识和效用性知识的分析得到。[①]

效用性知识是能够对达成认知主体目标有贡献的激活信息集合，是认知主体实现转识为智的重要物质基础。根据知识论框架，我们认为，效用性知识的生成机制如下。

第一，明确主体的目标，将主体的目标分化为一个个可以方便检验的分目标，并将每一个分目标看作主体的一个状态。

第二，出现一个新的信息，我们将这个信息当作假想客体。主体了解了假想客体所具备的功能、特征和形态描述后，通过主体自身的内部运算，推演如果应用这一假想客体会产生的结果，计算与主体需求之间存在多远的距离。

第三，再次出现一个新的信息，主体按照第二个过程再次进行计算。在完成计算后，主体会将两次计算的结果进行对比，判断信息反映的未来状态与主体目标之间距离的平均变化规律。简单来说，就是判断新的信息比旧的信息更能解决主体的需求还是更不能解决主体的需求。

第四，不断重复第二、第三个过程，直至达成主体目标。随后建立客体信息与主体需求之间的映射。

(三)内容性知识的生成机制

内容性知识是一种抽象知识，它的生成机制较为复杂。内容性知识的生成需要以形态性知识和效用性知识的生成为前提，如果通过逻辑"与"将形态性知

---

① 钟义信：《知识论框架　通向信息—知识—智能统一的理论》，载《中国工程科学》，2000(9)。

识和效用性知识联系起来，则一个内容性知识的表现形式为：它有如此这般的形态，同时有如此这般的效用。[1] 根据知识论框架，我们认为，内容性知识的生成机制如下。

第一，通过形态性知识生成机制，生成关于某个事物的形态性知识。

第二，通过效用性知识生成机制，生成关于某个事物的效用性知识。

第三，给这个信息归类（表征这个信息属于某一类，体现形态性知识的生成结果），建立这个信息与达成何种主体目标的映射关系（表征这个信息有何种效用，体现效用性知识的生成结果），并将形态性知识生成结果与效用性知识生成结果使用逻辑"与"连接。

四、 知识生成群体动力

(一)群体动力

群体动力学（group dynamics）是 20 世纪 40 年代由社会心理学家勒温（K. Lewin）在其心理动力的理论基础上所提出的。群体动力学理论指出，群体不是静止的，而是处于不断地相互作用、相互适应的过程中，群体的目标、规范、舆论、凝聚力、心理气氛与士气等社会心理现象是影响群体动力的内部心理因素。它们不仅影响群体成员的个性发展，而且影响群体发展的水平与群体绩效。[2] 对于一个群体来说，内部因素和外部因素都可以影响群体相互作用的结果。群体动力学理论中重要的观点之一，即推动群体行为发展的重要动力来自群体内部。群体动力学非常重视组织中民主领导的重要性，同时注重营造群体内协作解决问题的合作氛围。谢幼如等人（2009）将群体动力学理论与网络课堂协作知识构建相结合，提出"合理目标是开启、组织文化是保障、丰富活动是源泉"的网络课堂中协作知识构建的群体动力机制，并有针对性地提出了相关策略。[3] 可以看出，对任何组织来说，一旦形成了目标、规范、氛围等方面的共识，就能够让群体中的不同个体拧成一股绳，实现"1＋1＞2"的群体智慧。

---

① 钟义信：《知识论框架 通向信息—知识—智能统一的理论》，载《中国工程科学》，2000(9)。

② 廖宏建、庄琪：《群体动力学在网上协作学习中的应用初探》，载《现代远距离教育》，2005(4)。

③ 谢幼如、宋乃庆、刘鸣：《网络课堂协作知识建构的群体动力探究》，载《电化教育研究》，2009(2)。

(二)群体自组织

如果说群体动力学理论为协作知识建构实现"1+1＞2"按下了启动按钮，那么自组织理论就为持续这一过程提供了内生动力。对于一个学习社群来说，如果没有外部命令，而是靠着社群中个体之间的默契、社群的学习氛围和组织文化等开展协作知识建构，从而产出新的知识或产品，我们就可以说这样的协作知识建构过程是自组织的。一个自组织系统的形成至少需要具备四个条件，即系统必须是开放的、系统必须处于远离平衡态、系统内部各要素之间存在着非线性的相互作用、系统存在涨落。自组织理论的系统演化是在开放与远离平衡的外部物质、能量、信息流非特定的输入、输出交换条件下，系统受到内部子系统之间的非线性相互作用的推动，以及内、外涨落的随机启动，产生集体运动的协同效应，其协同关联所产生的"序参量"又反过来支配系统的集体行为，从而使系统进入循环、交叉作用并关联放大的循环链圈，在有效利用物质、能量和信息流的过程中，经历多种突变或渐变而使系统有序程度发生质的飞跃。

知识生成与自组织理论有天然的契合性，尤其是在以人工智能技术为前沿的数字时代，自组织形态的系统将越来越多。首先，知识生成的系统是完全开放的，每个个体都可以利用互联网甚至物联网进行信息交换，无论是和他人还是和环境，都可具备更加便捷的交互体验；其次，知识生成需要协商后达成共识，而协商的过程就是系统从远离平衡态到平衡态转换的过程；再次，知识生成的协商过程能够让个体之间充分交互，使得系统内部要素之间存在着丰富的非线性相互作用；最后，知识生成的民主氛围会让建构过程充满竞争隐喻，更容易产生新的视角、新的理论和新的方法，为推动系统进化和跨越式发展埋下伏笔。

第三节　生成课堂彰显新时代价值

课堂是学生学习的主场所，是育人的主渠道，是教育的主战场；课堂也是教学实践的"试金石"和教育研究的"试验田"，没有课堂变革作为依托，所有的教育教学改革都会成为空中楼阁。新时代，我们应从生命的高度，用生态哲学的观点、动态生成的视角看待课堂教学，将学生看作有生命活力、思想情感和兴趣爱好的生命个体，创造条件让学生自主发展与成长，重视学生的生命存在感，丰富学生的生活体验，促进学生生命整体发展。

一、 新时代呼唤课堂变革[①]

(一)新时代课堂变革的内涵

党的十九大的胜利召开宣告中国特色社会主义进入新时代。百年大计，教育为本，习近平总书记在党的十九大报告中指出，建设教育强国是中华民族伟大复兴的基础工程，必须把教育事业放在优先位置。教育的目的在于培养人才，而课堂是教育的主战场，它一端连着学生，另一端连着民族的未来。教育改革只有进入到课堂层面，才真正进入了深水区；只有抓住课堂这个核心地带，教育才能真正发展。然而现有的课堂教学无法有效促进学生全面发展，无法提升教师专业素质与职业幸福感，这迫切需要变革课堂，而不是象征性地小修小补。以教育信息化全面推动教育现代化是新时代的呼唤，云计算、大数据、物联网、虚拟现实和人工智能等新技术的广泛应用推动现代教育从工业社会的 1.0 迈向信息社会的 2.0。但仰望星空还需脚踏实地，我们也要清楚地看到新时代教育需求和现有教育生态间存在严重断层与错位。这就需要我们重构课堂教学价值观，创新应用信息技术平衡学习需求与教育供给，重塑课堂教学生态，以培养创新人才。

(二)新时代课堂变革的价值

教育活动不可能回避价值问题。一直以来，课堂教学价值观体现在教师对教学目标的预设及课堂教学行为中。然而，目前不少教师仅能勉强执行自己的教案，"教书"尚未做好，"育人"就更无从谈起。重构课堂教学价值观，需要重新认识教学在育人中的价值，以及为培养怎样的人服务的问题。[②] 传统课堂教学价值观脱胎于机械论范式，将自然、人和社会的有机性无情肢解，将课堂看作一个孤立、封闭和机械运转的实体，没有把课堂作为教育者和受教育者生命

---

① 谢幼如、邱艺：《走进智慧课堂》，7～15 页，北京，北京师范大学出版社，2019。

② 叶澜：《重建课堂教学价值观》，载《教育研究》，2002(5)。

中重要的组成部分看待，课堂如死水一般不见生命活力。①

以人为本、关注学生心灵是中国特色现代化教育的特征之一。要实现"育人"的价值，就需要以需求为导向的"教书"；要实现重构课堂教学价值观，就需要依托信息技术变革课堂教学。教学是一个动态的过程，涉及多个要素、依托信息技术重构教学要素之间原有不变的关系，提升教学目标、丰富教学内容、再造教学流程、多元智能评价，从而实现信息时代的教育变革，填补人才需求与教育供给间的错位。落实在课堂教学中，就应以信息技术变革课堂空间，重组课堂组织与活动，再造课堂结构与模式，重塑课堂教学生态。

(三)新时代课堂变革的路向

新时代对人才提出了更加高位复合的要求，不断呼唤融合新型信息技术思维、手段和工具变革传统课堂。智慧环境感知、智慧学情分析、智慧资源推送、智慧多元评价等新型信息技术应用场景为传统课堂注入了新鲜的血液，同时也明晰了课堂教学结构性改革的路向和表征。如图1-3所示，学习环境的智慧化促使课堂空间的智慧化，课堂空间的智慧化助力重构课堂组织、课堂活动、课堂进程、课堂管理和课堂评价等课堂组织与活动，从而重构课堂结构与模式，重塑课堂生态。

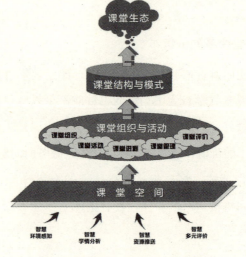

图 1-3　新时代课堂变革的基本路向

---

① 岳伟、刘贵华：《走向生态课堂——论课堂的整体性变革》，载《教育研究》，2014(8)。

　　课堂空间虚实融合、课堂组织与活动数据驱动、课堂结构与模式多元特色，这是智慧学习环境变革原有课堂的具体表征。首先，应用信息技术实现物理空间和虚拟空间的无缝融合，使原有课堂空间无限拓展，学习资源的有效应用能够帮助学习者构建更加真实的学习情境，提升学习者的真实任务实践与问题解决能力；其次，教育大数据能够从供给侧优化原有课堂的组织、活动、进程、管理和评价，实现数据驱动下基于学习者需求的教学，帮助每个学习者个性化提升；最后，课堂结构与模式不再是原有人为划分和设置的"教学大纲"，多元化、有特色的课堂结构与模式不断涌现，真正实现课堂结构性改革。

（四）新时代课堂变革的逻辑

　　依托智慧学习环境实现虚实课堂空间弥合、课堂组织与活动再造、课堂结构与模式重构和课堂教学生态重塑，是新时代课堂变革的基本逻辑。智慧学习环境中的学习体验主要由智慧技术、学习空间和教学法三类刺激物交互协同产生[①]，当学生和教师成为教学活动的主人时，智慧环境促进课堂变革的关系就愈加明晰。新时代课堂变革既是利用信息技术变革原有课堂结构，又是对学习体验有结构、有步骤的变革。基于此，本书提出了智慧环境促进课堂变革模型，如图1-4所示。

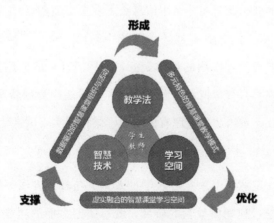

图 1-4　智慧环境促进课堂变革模型

1. 应用智慧技术打造虚实融合的课堂学习空间

　　学习空间是指用于学习的场所，不仅包含物理空间和虚拟空间的交互，而

① 《2016中国智慧学习环境白皮书》，北京师范大学智慧学习研究院，2017。

且包括学习科学和主流学习理论的映射。① 学习空间不再是一个固定的概念，其逐步转变为支持学习者泛在学习的要素集合。智慧技术的应用能够不断增强原有学习空间的交互性，拓宽其广度、加大其深度，形成形态各异、资源丰富、工具实用、活动多样和评价多元的模块化课堂学习空间，提升学习者的学习效果与体验。由此可见，学习空间虚实融合为实现课堂变革提供环境支撑。

2. 应用智慧技术实现数据驱动的课堂组织与活动

在课堂教学中，师生之间和生生之间围绕共同的学习目标结成教学交往关系，从而形成教学组织。有效应用教学法，使课堂组织与活动有序进行，实现课堂教学的弹性预设。应用智能推送为课堂教学提供个性资源与工具，从而实现个性化学习与分层教学；应用大数据为课堂教学提供精准学情分析，从而实现量化自我与个性学习路径指引；应用人工智能为不同的学生提供个性化学习支持，从而实现动态生成的自适应学习。智慧技术的应用重构了原有教学组织的演变过程，为在集体教学形式下开展个别化教学提供了技术支持，实现教学组织的混合化，为课堂教学注入了新的活力，也为实现课堂变革提供内生动力。

3. 应用智慧技术变革传统的课堂教学结构

对课堂教学的变革既要充分运用信息技术变革原有教学结构，也要有组织、有计划地实施变革。教学结构是教学系统中教师、学生、教学内容、教学媒体四要素相互联系、相互作用的具体表征，而智慧环境的应用突出了学生和教师的主体地位，同时将智慧技术、学习空间和教学法作为创新要素。可以看出，应用智慧环境优化、重组和再造原有课堂教学结构是实现课堂变革的紧前工作。

4. 融合教学法与学习空间形成多元特色的课堂教学模式

如何教学在一定意义上决定着教学的效果。与教学方法不同，教学模式更加侧重对整个教学过程如何教学的研究，既有实践方面的功能，也有理论方面的功能。教学模式为课堂变革设计了整体流程，同时也提供了操作步骤。以此来看，如果说课堂组织与活动的智慧化是实现课堂变革的内生动力，那么智慧

---

① 许亚锋、尹晗、张际平：《学习空间：概念内涵、研究现状与实践进展》，载《现代远程教育研究》，2015(3)。

课堂教学模式就是实现课堂变革的方向指引与实践指导。在不同的学习空间中应用不同的教学法，从而达成不同的教学目标，形成多元特色的教学模式，促进教学科目"全覆盖"，实现学生的素质和应试水平共同提高。

5. 应用智慧技术促进课堂生态健康发展

任何一个生态系统都具有一种维持和恢复自身结构和功能的相对稳定的能力，课堂生态也应具有弹性的自我调节能力，结构是其自我调节能力的载体。新时代，课堂教学变革的落脚点不仅在于有计划地变革，而且在于充分利用智慧技术重构原有课堂生态。智慧技术与不同的教学法相互融合，实现数据驱动的智慧课堂组织与活动，用数据驱动课堂组织与活动流程的结构化再造；针对不同的教学内容使用不同的教学法，融合不同的学习空间，打造多元特色的智慧课堂教学模式，为课堂教学变革提供精准路径。不同的课堂学习空间支撑不同的课堂组织与活动，不同的课堂组织与活动形成多种课堂教学模式，而在应用不同教学模式过程中遇到的问题又能促使对学习空间不断优化。学习空间、组织与活动和教学模式"三位一体"循环推进，不仅实现了课堂教学变革，而且持续助力课堂生态健康发展。

智慧环境促进课堂变革非朝夕之事。我们融合智慧学习环境，基于新时代课堂变革的基本内涵、价值诉求、基本路向和变革模型，梳理出智慧环境助力课堂变革的逻辑，如图 1-5 所示。

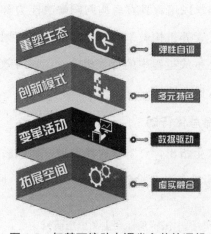

图 1-5　智慧环境助力课堂变革的逻辑

从图 1-5 中可以看出，智慧环境助力课堂变革的逻辑较为清晰：融合智慧信息技术拓展课堂教学空间，形成虚实融合的智慧课堂学习空间，为课堂变革提供环境支撑；融合智慧信息技术变革课堂组织与活动，实施数据驱动的课堂组织与活动，为课堂变革提供内生动力；融合智慧信息技术创新课堂教学结构，形成多元特色的智慧课堂教学模式，实现学生的素质和应试水平共同提高，为课堂变革提供外部推力；学习空间、组织与活动和教学模式"三位一体"循环推进，重塑课堂生态，实现课堂教学变革，持续助力课堂生态健康发展。

二、 生成课堂的现实价值

生成课堂是以生成性教学理念为指导，在弹性预设的基础上，师生充分交互，动态调整教学目标、内容、行为与活动，共同建构并生成新的信息和资源，从而达成预设目标和产生附加价值的新型课堂。以构建生成课堂落实立德树人根本任务、落地课堂革命总体行动、培养拔尖创新卓越人才，是其现实价值。

(一)落实立德树人根本任务

教育的目的是培养人。无论构建何种课堂培养人，我们始终都要回答"培养什么人、怎样培养人"这一教育永恒主题和根本问题。立德树人是我们党对教育根本问题的时代性回答。[①] 习近平总书记强调："我们党立志于中华民族千秋伟业，必须培养一代又一代拥护中国共产党领导和我国社会主义制度、立志为中国特色社会主义事业奋斗终身的有用人才。"[②]在这个根本问题上，必须旗帜鲜明、毫不含糊。生成课堂以培育具有劣构问题解决能力和创新能力的人才为主要目标，对标学科核心素养重构教学内容，使学生在问题解决的过程中生成新的知识，并彰显知识在生成过程中的育人价值，能够有效体现课程思政，从而深入有效落实立德树人根本任务。

(二)落地课堂革命总体行动

教育部原部长陈宝生指出，要坚持内涵发展，加快教育由量的增长向质的提升转变。把质量作为教育的生命线，坚持回归常识、回归本分、回归初心、

① 北京市习近平新时代中国特色社会主义思想研究中心：《深入落实立德树人根本任务》，载《光明日报》，2018-08-21。
② 习近平：《思政课是落实立德树人根本任务的关键课程》，载《求是》，2020-08-31。

回归梦想。深化基础教育人才培养模式改革，掀起课堂革命，努力培养学生的创新精神和实践能力。传统课堂重预设而轻生成，没有站在生命的高度将学生看作一个独立的整体，无法满足学生的全面发展；传统课堂重教师讲授而轻互动生成，课堂上没有精彩的知识生成，看不到学生精彩的表现，时间长了教师就会产生职业倦怠、失去职业幸福感；传统课堂重应试能力培养而轻综合素质培养，使得学生课业负担增加，无法呼应国家对素质教育的要求。生成课堂充分尊重学生个体差异，以整体的思维、生命的视角支撑学生生成知识，引导学生生成能力，促进学生在生成的过程中体会知识的育人价值，从而解决传统课堂中存在的问题，落地课堂革命总体行动。

【本章小结】

本章以创新人才培养和知识生成的契合点为突破口，提出了创新人才培养路向，阐述了广义知识的分类、生成基本过程、生成实现机制和生成群体动力。同时突出课堂对人才培养的主渠道作用，明晰了新时代课堂变革的内涵、价值、路向和逻辑，阐述了生成课堂的现实价值。要点如下。

1. 创新人才培养方向

以信息技术支持课堂变革实现知识生成，达成培养新时代创新人才的目标。其中，新型信息技术主要包括以 5G 网络、大数据和人工智能等为代表的新型基础设施。这些新型信息技术的融入所带来的技术思维使得重构课堂教学设计、再造课堂教学模式和重塑课堂教学评价成为课堂变革的主要方式，在此基础上实现学习者的创新知识生成、创新能力生成和创新素养生成，最终彰显知识的育人价值，培养新时代创新人才。

2. 新时代课堂变革理论基础

新时代课堂变革的内涵：重构课堂教学价值观，创新应用信息技术平衡学习需求与教育供给，重塑课堂教学生态，以培养创新人才。

新时代课堂变革的价值：从生命的高度，用生态哲学的观点、动态生成的视角看待课堂教学，将学生看作有生命活力、思想情感和兴趣爱好的生命个体，创造条件让学生自主发展与成长，重视学生的生命存在感，丰富学生的生活体验，促进学生生命整体发展。

新时代课堂变革的路向：学习环境的智慧化促使课堂空间的智慧化，课堂空间的智慧化助力课堂组织、课堂活动、课堂进程、课堂管理和课堂评价等变革，从而重塑课堂生态。

新时代课堂变革的逻辑：依托智慧学习环境实现虚实课堂空间弥合、课堂组织与活动再造、课堂结构与模式重构和课堂教学生态重塑，是新时代课堂变革的基本逻辑。

3. 生成课堂的现实价值

落实立德树人根本任务、落地课堂革命总体行动，培养拔尖创新卓越人才。

第二章

生成课堂的理论研究

→ 内容结构

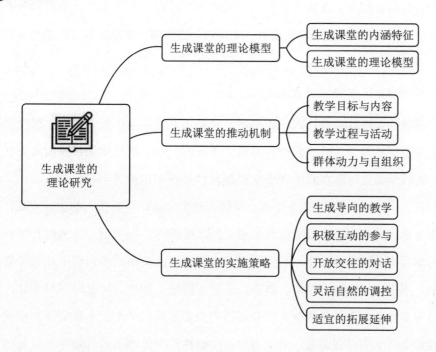

老子《道德经》有言"道生一，一生二，二生三，三生万物"，这是中国生成论宇宙观最早的明确的阐述。生成是宇宙最本质的特征之一，动态性和整体性是生成论最本质的特征。"生成"是一个复杂的、多方位的、不断循环和上升的动态过程，对于课堂教学来说，其育人价值的彰显即通过生成过程来体现。生成课堂是以生成性教学理念为指导，在弹性预设的基础上，师生充分交互，动态调整教学目标、内容、行为与活动，共同建构并生成新的信息和资源，从而达成预设目标和产生附加价值的新型课堂。构建生成课堂培养德才兼备的新时代创新人才，即需要明晰知识生成的理论模型，在此基础上探索生成课堂的推动机制，进而提出生成课堂的实施策略，为生成课堂构建提供理论依据。

第一节　生成课堂的理论模型

一、 生成课堂的内涵特征

(一)生成性教学内涵

生成性教学是在弹性预设的基础上，师生充分交互，不断调整教学活动和行为，共同建构并生成新的信息和资源的动态过程，从而实现教学目标和产生附加价值。[①] 生成性教学在价值观、学生观、过程观、资源观等方面都与预设性教学不同。

1. 价值观：关注生命成长

传统预设性教学以认识论为基础，强调知识的客观价值，在一定程度上能够较好地促进知识教学，但很容易造成单一的、过于重视知识传递的接受性教学，把教学活动局限在教师和学生围绕教材展开知识传递与接受的过程中。相对而言，生成性教学则"关注生命、唤醒人的生命意识、更新人的生存方式，使作为生命体的个人能勇敢地面对生活、自我更新"[②]。一方面，生成性教学体现了对学生生命成长的关注。学生在课堂教学中的活动形式和内容应该是丰富多样的，不仅包括认知、理解、体验，还包括感悟、创造、反思等多种形式。通过多种多样的生命活动使学生的身心得到全面发展，学生的本能需要和精神生活在课堂教学中得到满足。另一方面，生成性教学体现了对教师生命成长的关注。生成性教学颠覆了传统意义上教师所扮演的角色，教师从知识的传递者转变为教学的研究者，同时优化了师生的交互方式，使教师在与学生的沟通分享中感受到与之前不一样的乐趣、精神，也促使教师逐渐在批判、研究与反思中实现专业成长。

2. 学生观：关注个性发展

传统的学校教育认为听话、分数高的学生就是好学生，对学生的评价标准

① 谢幼如、杨阳、柏晶等：《面向生成的智慧学习环境构建与应用——以电子书包为例》，载《华南师范大学学报(自然科学版)》，2016(1)。
② 李家成：《追求真实的生命成长——对"新基础教育"价值取向的体悟》，载《教育发展研究》，2003(3)。

单一且死板。教师基本控制了学生大部分的时间和行为，学生无法有足够的机会进行个性化的学习和自主的选择。生成性教学则非常关注学生的个体差异，尊重每个学生所处的不同精神世界，把每个学生都当成具有开放性的自我创造者。因此，关注每个学生的个性、尊重学生个体差异、强调学生之间的自主合作是生成性教学中教师应有的自觉行为。学生不仅积极主动地参与学习互动、踊跃开展讨论交流等，而且成了学习过程的推动者和促进者，与教师、其他学生一起创生课堂轨迹。可见，生成性教学能够促使学生解放自己的身心、打破固有经验的桎梏、充分发展个性、发散创造思维，提高学生的创新能力。

3. 过程观：关注交往互动

传统教学过程只是教与学两方面的简单叠加，它表现为两点：一是以教为中心，学围绕教转，教师就是教学的主宰者，教学过程即为教师将知识传递给学生的过程；二是以教为基础，学生只能跟随教师进行学习，重复教师所讲授的内容。生成性教学认为教学过程的本质是交往互动，即师生之间、生生之间不断进行交往互动、生成的过程。没有交往互动，教学就不会真实有效地发生。只有当师生之间、生生之间充分进行交往互动，师生才能够彼此分享知识、观点和经验，交流情感、态度与价值观，从而达到共同认识、共同分享和共同进步，进而共同实现生命的生成。

4. 资源观：关注动态生成

传统的教学资源缺乏与真实生活的密切联系，仅仅局限在教科书、辅导书等基础性、单一性教学资源中，过于注重知识的系统性和训练的完整性。生成性教学则不仅包括原有的静态教学资源，而且将学生在教学过程中的学习情况与学习表现和由师生共同进行解读的各种动态的、转瞬即逝的生成性资源[1]，以及与日常生活具有密切且广泛联系的素材性资源有机整合。动态生成性资源的形成需要教师能够在课堂教学中发挥独特的教育智慧，不断捕捉、判断、利用多种转瞬即逝的生成性信息，及时将学生的疑问、观点和想法整合形成教学生成点，促进具体教学情境中的动态生成。

---

[1] 殷晓静：《课堂教学中的动态生成性资源研究》，硕士学位论文，上海，华东师范大学，2004。

(二)生成课堂的内涵

生成课堂是以生成性教学理念为指导,在弹性预设的基础上,师生充分交互,动态调整教学目标、内容、行为与活动,共同建构并生成新的信息和资源,从而达成预设目标和产生附加价值的新型课堂。一般来说,课堂的含义包括三个递进的层次:一是把课堂理解为教室,即学校教学活动发生的主要场所;二是把课堂理解为学校的课堂教学活动,所谓研究课堂就成了研究课堂教学;三是把课堂理解为课程与教学活动的综合体,包括课堂实施、课程资源开发、教学活动、师生关系、教学环境等多种教育要素及相互关系。[①] "生成"是一个复杂的、多方位的、不断循环和上升的动态过程,课堂教学的育人价值的彰显即通过生成过程来体现。如何可视化表征学生理解掌握、多元建构和迁移激活的知识、能力和素养等,从而促进学生创新能力个性化发展、培养创新型人才,是当前课堂教学变革的一个难点。当下,基于智能技术支持的生成课堂为解决这一难点提供了方案,它具有依托 5G 网络、人工智能和大数据等新型技术提供生成交互环境,推动生成过程持续有效进行和可视化表征生成结果等特征。

(三)生成课堂的特征

生成课堂即在生成性教学理念指导下的课堂形态,众多的研究者都归纳了生成性教学的特征。罗祖兵认为生成性教学的特点是非线性、具体性、多元性、差异性、互动性、突现性和创造性等。[②] 李祎等人认为生成性教学观下的课堂教学具有参与性、非线性、创造性和开放性的基本特征。[③] 综合文献分析,再结合实践教学,我们认为生成课堂具有以下特征。

1. 人文发展性

从教学理念来看,生成课堂注重以人为本。生成课堂的根本目的和价值在于为教师与学生的幸福生活奠定基础,把师生的幸福生活作为教学价值观,使教学由传统的单纯强调知识的学习与获得转向强调对"人"的关注。[④] 因此,生成

---

① 王鉴:《课堂研究引论》,载《教育研究》,2003(6)。
② 罗祖兵:《生成性教学及其基本理念》,载《课程·教材·教法》,2006(10)。
③ 李祎、涂荣豹:《生成性教学的基本特征与设计》,载《教育研究》,2007(1)。
④ 孟凡丽、程良宏:《生成性教学:含义与价值》,载《课程·教材·教法》,2009(1)。

课堂的重心在于回归教育中的人本身，立旨于人的成长和发展。[①] 生成课堂强调人文关怀，尊重生命，实现学生主动、持续的生长和发展，教师在与学生的交往互动中也实现了自身的成长和发展。

2. 动态非线性

从教学过程和教学资源来看，生成课堂更加强调动态生成。与传统课堂教学不同，生成课堂教学不是固定、线性、一成不变的，而是根据不同的教学情境，由学生在教师指导下自主开展活动、完成意义建构的过程。可见，生成课堂教学并不是按照预设好的程序来执行的机械过程。事实上，课堂上可能发生的一切不是教师单方面决定的，也不是教师完全能够在备课时预料到的，而是更多地取决于学生的学习情况、课堂行进状态和教师的处理策略。因此，生成课堂教学具备多种因素之间相互作用的动态非线性特征。

3. 交互参与性

从教学方法来看，生成课堂更侧重交往互动，注重学生的全员参与。交往互动是生成的前提，同时也是生成的表现。生成课堂教学过程不是教师对学生的单向关系，而是师生的双向关系。生成是在师生、生生交往互动中产生的，采用讨论、协作、探究等互动的方法促使教学互动进一步发展与完善，师生之间分享思考、观点和知识，交流情感、体验和观念，从而达到共同认识、共同分享和共同进步，最后实现共生。此外，生成课堂强调全员参与和平等对话、强调共同意义建构，为教学生成创造更多的条件和机会。

4. 附加价值性

从教学效果来看，生成课堂关注教学的附加价值。在传统课堂教学中，教师严格按照课前预设的教学过程、以达成预设目标为目的开展教学，认为教学中的意外事件不利于教学实施和学生发展。附加价值是指教学意外带给学生的发展价值，是预设之外的价值。[②] 生成课堂教学不仅是为了完成预设目标，而且关注学

---

① 张广君：《生成论教学哲学论纲：架构与特征》，载《当代教育与文化》，2011(4)。

② 罗祖兵：《生成性教学的基本理念及其实践诉求》，载《高等教育研究》，2006(8)。

生在学习过程中的个性化表现，促使学生从教学意外中获得积极价值。

二、 生成课堂的理论模型

无论是传统课堂还是生成课堂，在新时代，依托新型信息技术赋能的智慧学习环境，融合新技术的理念、手段等方面重构课堂教学设计、创新教学设计模式都是当下课堂变革的基本思路。我们根据生成性教学和生成课堂的内涵，结合多年以来的一线教学教研实践，构建了如图 2-1 所示的生成课堂理论模型。

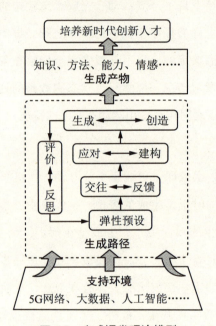

图 2-1　生成课堂理论模型

该理论模型由生成目标、生成路径、支持环境和生成产物四部分组成。其中，生成目标是生成课堂的价值导向；生成路径是生成课堂的教学过程；支持环境是生成课堂的支撑条件，是指依托 5G 网络、大数据、人工智能等新型信息技术工具的课堂环境，主要体现为网络学习空间、电子书包、智慧教室、智慧功能场室和智能实验室等承载形式；生成产物是生成课堂的教学效果，主要包括生成知识、生成方法、生成能力和生成情感等。以下简述生成路径、支持环境、生成产物三项内容。

(一)生成路径

1. 弹性预设

弹性预设是生成性教学的基础，是实现课堂教学生成的前提条件。没有预设的课堂教学容易陷入盲目无序，因此教师必须在课前进行预设。但是这种预设不应是刚性的、一成不变的，而应是有弹性、有空白的。[①] 因此，教师要在深入了解学生和教材的基础上，从教学生成的实际需要出发，既着眼于整个课堂，又立足于每个学生个体，致力于充分发挥学生的主体作用，设计有弹性的实施方案，包括弹性化的教学目标、弹性化的教学内容和弹性化的教学过程，为师生在教学过程中创造生成提供条件。

2. 交往与反馈

交往与反馈是生成性教学的前提，是促使生成的基础和主要方式。如果教学仍然是教师的独白，也就谈不上教学生成了。因此在教学中，教师需要注意互动的各个方面，如互动的时间安排、互动的空间组织方式、互动的内容深度、互动的方法等，这样才能促使有效的教学生成。在交往与反馈的过程中，会产生丰富的而又转瞬即逝的生成性信息，教师要随时注意捕捉各种信息，并给予一定的反馈。

3. 应对与建构

应对与建构是生成性教学的关键。在交往与反馈中产生的生成性信息，一部分可以直接内化为学生的生成性知识，另一部分则被教师及时捕捉并积极应对，以语言、文字、行为等方式外显出来，形成生成性资源。教师及时捕捉到这些稍纵即逝的生成性资源，根据学生的学习状态及时调整教学行为和教学方法，提供有力的脚手架。学生在教师的指导下进行意义建构，顺应或同化到原有的认知结构中。

4. 生成与创造

生成与创造是生成性教学的目标。学生在教师的引导下达到预设的教学目标，除此之外，还会伴随着预设之外的教学目标、教学成果等附加价值的生成

---

① 李祎、涂荣豹：《生成性教学的基本特征与设计》，载《教育研究》，2007(1)。

与创造。

5. 评价与反思

评价与反思是促进生成性教学的有效手段。教学评价可以提供直接的反馈信息，帮助调控教学进程和教学策略，促进教学不断地生成。合理的教学评价为教学生成提供了有效保证。

(二)支持环境

1. 生成课堂支持环境的需求分析

生成性教学对智慧学习环境提出了明确的需求，下文从系统、功能和技术三个层面进行分析。通过对学生和教师的调查，获取智慧学习环境的系统需求；将系统需求转化为智慧学习环境应具备的功能，从而确定智慧学习环境的功能需求；智慧学习环境的功能的实现需要依赖相关的技术，对这些技术的特征的分析就形成了智慧学习环境的技术需求。生成性教学对智慧学习环境的需求如图 2-2 所示。

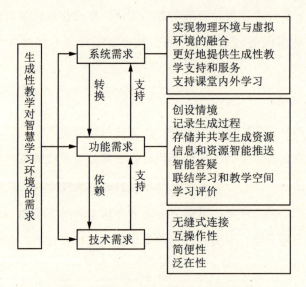

图 2-2　生成性教学对智慧学习环境的需求

从系统需求层面出发，支持生成性教学的智慧学习环境能够实现物理教学环境与虚拟教学环境的有效融合，能够为生成性教学的开展提供支持和服务，能够支持课内学习和课外学习等。

从功能需求层面出发，支持生成性教学的智慧学习环境能够创设有助于生成的教学情境、捕捉和记录生成性信息、记录生成过程、存储并共享生成资源，能够实现信息和资源智能推送、智能答疑、联结学习和教学空间、学习评价等功能。

从技术需求层面出发，支持生成性教学的智慧学习环境所需技术应该具有无缝式连接、互操作性、简便性、泛在性、深度互动参与等特征。这些技术为功能需求的满足提供了支持，进而为生成课堂环境系统需求的满足奠定了基础。

2. 生成课堂支持环境的构成要素

黄荣怀等人提出，智慧学习环境的构成要素包括学习资源、智能工具、学习社群、教学社群、学习方式和教学方式六个部分，学习者和教师通过学与教的方式与智慧学习环境相互作用。[①] 相应地，支持生成性教学的智慧学习环境构成要素也应包括这六个部分，学习者和教师通过生成性的学与教的方式与智慧学习环境相互作用，如图 2-3 所示。

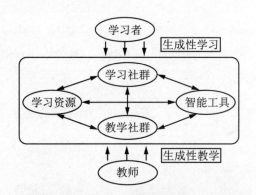

图 2-3 面向生成的智慧学习环境构成要素

与一般的智慧学习环境相比，面向生成的智慧学习环境构成要素具有以下几个特点。

第一，学习资源更强调对生成性资源的存储和共享等。

第二，智能工具注重促进生成性信息的产生，并对其进行捕捉和记录。

第三，学习社群强调学生之间进行互动、探究、协作、交流，满足学生课

① 黄荣怀、杨俊锋、胡永斌：《从数字学习环境到智慧学习环境——学习环境的变革与趋势》，载《开放教育研究》，2012(1)。

内和课外的互动和学习需求，营造更多的生成机会和条件。

第四，教学社群强调教师之间进行共同学习、教学反思、寻求专业发展的统一体。

第五，学习者和教师通过生成性的学与教的方式与前面四个要素相互关联、相互作用，共同促进生成性教学的发生。学习资源和智能工具为学习社群和教学社群提供支持；学习社群和教学社群相互促进，实现教学相长，并对学习资源和智能工具的丰富起到促进作用。

3. 生成课堂支持环境的系统架构

依据上述分析，我们构建了基于电子书包的生成课堂支持环境，如图 2-4 所示。该环境系统架构主要分为基础层、资源与学具层、用户层、应用层四个层次，可以实现资源推送、学情诊断、情境创设、交流讨论、过程记录、实时监测、创作共享、汇报展示、及时反馈、多元评价等功能，从而有效支持生成性教学的过程。

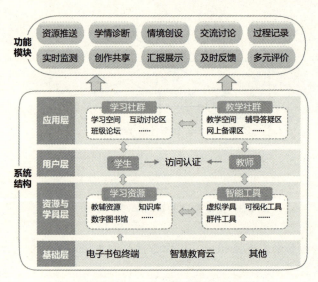

图 2-4　面向生成的智慧学习环境

①基础层

基础层主要包括电子书包终端、智慧教育云及其他设备。电子书包提供了轻便的、有一定计算和存储能力的移动设备，具有摄像头、麦克风、网络接口等硬件，同时满足了其他新技术对硬件设备的要求。例如，富媒体技术能为 3D

图片和矢量图片的编辑、查看提供强大的支持，这也要求电子书包显示屏具有较高的分辨率；传感器和 GPS 定位设备是接入物联网的关键设备，也是支持智能情境感知的重要部件。

②资源与学具层

资源与学具层包括支持生成性教学的学习资源和智能工具等。学习资源包括教辅资源、数字图书馆、试题库、知识库等，它不仅包括电子书包中的内置资源，而且包括云平台中的资源，还包括教学中产生的形式多样的生成性资源。智能工具包括学习者模型测量工具、学习者交互分析工具、信息推送工具、学习轨迹记录工具、学习结果评价工具等。例如，电子书包中的思维导图或概念图等工具能够对获得的知识、成果等进行可视化处理；学习轨迹记录工具可以感知并记录学习者的课堂互动、协作探究等活动，为教师及时捕捉生成契机提供支持。

③用户层

用户层对象主要分为两类：第一类是学生，他们是各类资源和应用的使用者，在生成性教学中也是资源的提供者；第二类是教师，他们也是各类资源和应用的使用者，还是教学的管理者。

④应用层

应用层提供了面向生成的各种应用软件，主要用于支持学习社群和教学社群。在生成性教学中，学习者的知识获取是个体建构和群体建构共同作用的结果。教师通过电子书包中的学习空间、互动讨论区等建立学习社群，除了鼓励学习者在课前和课后进行交流沟通，更重要的是在学习社群中开展互动、探究、协作等活动，促进教学有效生成。教师通过电子书包中的教学空间、辅导答疑区等建立教学社群，进行网上备课、评价反思等，并与学习社群相互联系，调整或校正教学行为。教学社群的建立有利于生成性教学的顺利进行，也有利于提高教师的生成性教学能力。

4. 生成课堂支持环境的功能作用

①资源推送

在课前，教师通过电子书包向学生智能推送具有交互性、富媒体性与适应性的个性化资源，支持学生的个性化学习。为支持生成性教学，电子书包中提供的学习资源通常围绕生活中的实际问题或任务，引发学习者的探究与讨论，并且在形式上是活泼的、非结构化的，便于二次开发与应用。学习者可以随时获取与学习主题相关的资源。

②学情诊断

学生在课前开展预习并完成相应的检测练习，提交到电子书包平台。教师根据学生的预学反馈情况进行学情诊断，对教学目标、教学内容、教学资源、教学过程等进行弹性灵活的设计，预设课堂教学中可能出现的问题并准备相应的解决策略。学生在课前预习中出现的困难、疑惑或者是在检测练习中出现的错误都能够为课堂中的教学生成提供突破口。

③情境创设

电子书包中集成了大量的形象化资源，兼具图、文、声、像等多种不同表达形式，便于创设直观、丰富的教学情境；电子书包作为移动终端设备，可以随时应用在生活中的各个方面，记录学生日常生活。通过利用这些资源，能够更为方便地创设与生活密切联系的教学情境。

④交流讨论

电子书包中的互动讨论区、辅导答疑区等都能够很好地促使教师和学生、学生和学生在情境中充分互动、交流和讨论，为教学营造有效的生成场。教师可通过电子书包内置的同步通信工具为学生解答不同的疑问，建立线上线下的无缝连接。

⑤过程记录

电子书包能够通过拍照、录像等方式记录学习过程并将这些生成性资源保存下来，也可以实现对学生的学习轨迹、学习进度等的记录。学生可以通过反复观看这些资源对学习过程进行反思，教师能够根据学生的学习轨迹、学习进度等了解学生的学习情况。

⑥实时监测

电子书包分为教师端和学生端，教师端能够对学生端的活动进行实时监测，随时查看学生的学习过程。实时监测能够帮助教师看到每个学生的动态，及时发现存在的问题或者需要特别注意的地方，以便给予学生个性化的指引和辅导，或者调节教学方式及教学节奏。

⑦创作共享

电子书包能够为学生提供多种创作工具，如绘图软件、视音频编辑软件等。这些软件能够支持学生的生成和创作，并将创作成果上传共享云端。学生选择合适的工具将生成的信息、知识、资源、成果等创作出来，创作过程能支持学生进行意义建构，促进对于学习的深入理解，有利于知识的迁移和应用。

⑧汇报展示

电子书包教师端可以选择将某一学生端的屏幕内容同屏展示在电子白板或者其他学生的电子书包上，能够更加简单快捷地支持学生汇报成果、展示作品等。

⑨及时反馈

学生在电子书包中完成检测练习，电子书包能够对学生提交的答案进行及时统计和分析，教师通过答题的正确率及时发现存在的问题，对教学节奏和教学过程进行灵活的调整。

⑩多元评价

通过大数据分析实现跟踪性的过程评价，教师、家长、学生可以通过电子档案袋、电子量规、个人的空间日志等进行他评、自评和互评，学生和教师可根据评价来总结、反思自己的学习和教学情况，进一步深化生成。同时，电子书包也可以解决传统教学专注于总结性评价的问题，实现跟踪性的过程评价。

(三)生成产物

1. 主要生成点

教学生成点也可以称作教学生长点。生长点原本是植物学的用语，通常称为分生区、生长锥或顶端分生组织，是指植物中细胞分裂活动旺盛的地方。这里取的是其引申义，指与某一问题或事件联系较紧密的、由此问题或事件生发出来的有明显传承或依附关系的问题或事件。教学生成点也就是指能够促进课堂教学生成的关键点。

①疑难困惑点

生成性教学不再是以教师讲为主，而是充分调动学生的积极性，让学生主动进行思考、质疑和发现。学生在自主学习或者协作学习过程中，经过思考和分析发现问题、提出质疑，这些问题、质疑或困惑会在教师的指导下通过查阅资料、小组讨论等方式得到解决。在这个过程中，疑难困惑点能够有效促进教学各方面进行生成。

②碰撞争论点

生成性教学强调学生的个性化，因此学生在课堂教学的互动交流中会对同一问题产生两种或两种以上不同甚至相互矛盾的观点。这时教师不应该武断地评判对或错，而是应该尊重每个学生的看法和理解，并因势利导，组织学生进行辩论或者证明。教师应该创设开放的问题情境，促使学生提出有深度的问题，使课堂产生有效的碰撞、交流和争论，促进学生个性化发展。

③偏差错误点

学生在学习过程中不可避免地会出现这样或那样的错误和偏差，这些错误和偏差是一种很好的教学资源，能够为教学生成提供正确方向。对于学生出现的一些共性错误，教师可以调整教学节奏或者教学方法，促进学生理解和掌握。在修正错误的过程中，学生能够得到认识上的提高以及能力上的发展。对于个别学生出现的错误，教师需要进行个别化的辅导，从而使全部学生都能够得到全面发展。

④思维闪光点

思维创新点和闪光点是教师在课堂教学中最应该捕捉的生成点。学生在与教师和其他同学进行互动时或者在作品创作中出现的思维亮点和灵感，例如一些独到的见解或者新奇的想法，如果能被教师捕捉并及时进行应对，将会使教学更加出彩。这也是对学生的鼓励和指导，将会在各方面有效促进学生的发展。

⑤教学事件

教学事件是指在教学过程中出现的预料之外的偶然事件，也就是教学偶发事件。在传统教学中不允许有超出教学预设的行为发生，因此教学事件也被称作教学事故。传统教学中如果出现教学事件，教师会忽略或者用其他方法对其进行掩盖。而在生成性教学中，教学事件非但不具有破坏性，反而被看作一种非常有益的生成性教学资源。同时，需要教师通过教学智慧使教学事件发挥其教育教学价值。

2. 生成课堂的生成结果

中国学生发展核心素养是指学生应具备的，能够适应终身发展和社会发展需要的必备品格和关键能力。聚焦和发展核心素养是落实立德树人根本任务的一项重要举措，也是适应世界教育改革发展趋势、提升我国教育国际竞争力的迫切需要。美国 21 世纪技能教育改革提出，要培养学生的批判性思考和解决问题能力、沟通与协作能力、创造与革新能力等，使学生获得在 21 世纪成功地工作和生活需要掌握的技能、知识和专长。

因此，新时代的教育和教学要立足于 21 世纪人才培养需求，满足学生的成长和发展需求。素养是知识被运用后所体现出的一种高级能力，我们认为，生成课堂的生成结果应包括生成知识、生成方法、生成能力和生成情感。

①生成知识

知识与技能就是指学科教学中的基础知识以及基本技能。新修订的布卢姆认知目标分类认为知识是指学习时涉及的相关内容，包括从具体到抽象的四个类别，即事实性知识、概念性知识、程序性知识和元认知知识。①

通过机械记忆而获得的知识不能产生广泛迁移，无法迁移的知识也就不能够转变成能力。传统教学中，不管是陈述性知识还是程序性知识，教师都往往将它们直接告诉学生，学生也只是简单地识记，更多的时间则是用于做练习，以题代讲。学生只是糊里糊涂地识记知识，无法把前后知识、新旧知识紧密联系，因此将形成一个个孤立的知识点。学生获取知识的过程是被动的，很难将知识迁移应用到实际生活中，其能力也很难得到提高。

我们认为知识生成是指知识形成和建构的过程，也是指知识迁移和运用的过程。知识形成和建构的过程必须通过各种方法促使新旧知识之间发生相互作用，才能构建新旧知识之间的实质性联系，实现知识生成。

---

① 盛群力、褚献华：《布卢姆认知目标分类修订的二维框架》，载《课程·教材·教法》，2004(9)。

怀特海认为"知识是特定情境下的有联系的东西，是在组织内外和个人之间的社会互动中动态地被创造出来的"[1]。生成性教学中，教师引导、辅助学生理解知识的内容和不同知识点之间的关系，学生在学习过程中学会自主建构，将新知识同化或顺应到所学的旧知识中，获得新的认知结构。学生将在学习过程中产生的想法、观点、知识等以文字、图片、视频等多种形式表达出来，学会知识的迁移和应用。

②生成方法

在传统教学中，方法不是指学生的学习方法，而仅仅指教师的教学方法。但是，教学方法也不是涵盖在教学目标之中的。三维教学目标的"过程与方法"维度目标中的过程不仅仅指获得知识的过程，还包括学习和运用方法的过程。这一维度目标的核心在于引导学生"学会学习"，即学生要掌握科学的学习方法，特别是科学的思维方法。"过程与方法"的两方面是统一的，学习方法需要在学习过程中加以运用，有了学习方法的运用才能够体现学习过程的作用与价值，两者相辅相成。

方法生成是指学生在学习过程中，通过总结和提炼，在教师指导下掌握或是自主掌握某种学习方法或技术方法。方法生成是在知识生成的基础上，经过一段时间的练习或者训练而达成的。

生成课堂教学不仅仅是让学生获得知识，还应该使学生学会如何运用知识，而后学会如何进一步获得知识。在这个循环往复的过程中，是存在许多规律和技巧的。学生通过不断学习尝试、归纳总结，逐渐掌握了运用学习的方法。教师虽然会给学生提供一定的指导和帮助，但更多的时候需要学生自己去总结和归纳，并在熟练使用的过程中进一步去完善和创新。这不仅体现了学生在学习中的主体地位，也让教师在制定教学目标时去思考如何才能让学生享受学习的过程。

③生成能力

从教育心理学的角度看，人的能力表现在人所从事的各种活动中，并在活

---

① Whitehead，A. N. （1954），*Dialogues of Alfred North Whitehead*，Boston：Little Brown Company，p. 67.

动中得到发展。根据冯忠良教授的研究成果，知识与技能是能力结构的基本构成要素。[①] 因此，能力生成的过程是建立在知识生成和方法生成的基础之上的。

在传统教学中过于重视知识目标的达成，而忽略了学生能力的培养，强调学生应该获得哪些知识，却忽略了学生通过学习应该具备哪些能力。新课程标准把知识目标和能力目标放在了同等重要的位置，也就是明确指出学生不但要获得知识、学习方法，更重要的是培养和生成能力。这里所说的能力也不仅仅指学生的学习能力，还包括学生成长和发展过程中所需的各方面的能力。学生获得知识、掌握方法的过程，也就是能力不断形成的过程。

在生成性教学过程中，应非常重视教学与生活之间的联系，学生获得的知识和方法都应该与现实生活密不可分。学生对于知识和方法的获得不是依靠教师的给予和灌输，而是通过联系实际生活自己动手、动脑、交流、探究，从而完成学习目标、提高自身综合素质。例如，在提出问题、开展探究的过程中，逐渐培养和锻炼了学生发现问题的能力，同时也促成了学生合作与交流的能力。因此，学生在恰当的引导和启发下学会将掌握的知识和方法应用到生活里，在日常活动中通过进一步的概括和提升形成某些素质或能力，如问题解决能力、创新能力、思维能力等。这些能力不是教师直接传授的，而是在教学过程中逐渐培养和生成的。

④生成情感

情感是人的心理过程之一，是个体对客观事物的不同态度体验，包括喜、怒、哀、乐、爱等；态度是在某种特定情境下，个体对人、物或者事件产生某种反应的一种心理倾向；价值观是个体看待客观事物的观念以及进行评价或价值判断所依据的观念系统。可见，情感、态度和价值观是相互依存、逐层递进的关系。设置"情感态度价值观"这一维度目标的最终目的是引导学生形成正确的价值观，也就是说学生情感的体验要有助于其形成正确的人生态度和价值观。传统教学中，学生情感、态度和价值观的培养是比较欠缺的地方，而这却是教育育人最为重要的环境。

---

① 冯忠良：《结构化与定向化教学心理学原理》，北京，北京师范大学出版社，1998。

　　情感生成主要是针对生成性教学的人文发展特征来讲的，也就是指在课堂教学过程与学习交流过程中，师生间富有生命性的情感、态度和价值观的升华和生成。学生的情感态度不能自发地形成，需要借助于一定的预设。但是学生的情感态度更不能生硬地强制和灌输。因此，非常需要在弹性预设的基础上进行灵活恰当的激发，以促进其有效生成。[①] 生成性教学的价值追求体现在促进人内在的全面发展，关注生命、灵魂与精神，强调对学生情感的解放与生成。只有在正确的情感体验的引导下，学生才能形成积极的人生态度，塑造正确的价值观。对于学生而言，通过学习培养各方面的兴趣，获得积极的情感体验，确立正确的人生观和价值观，为个人发展奠定基础、端正方向。生成性教学注重学生能否有健康的身心，能否乐观、积极地面对生活。因此，教学生成的过程也是学生学会关爱他人、热爱生活、尊重生命的过程。

第二节　生成课堂的推动机制

　　开展生成课堂教学，不仅需要明晰生成课堂的内涵特征及理论模型，而且需要结合教学理论与系统科学理论明晰生成课堂的推动机制。我们可以从教学目标与内容、教学过程与活动和群体动力与自组织三个方面入手，持续推进课堂的生成。

一、教学目标与内容

（一）弹性预设的教学目标

　　教学目标在整个教学中起着至关重要的作用。预设的教学目标是指教师根据国家课程标准、教材、教学大纲所确定的课堂教学需要达到的教学目标，具有较强的目的性。而弹性化的教学目标与预设的教学目标保持一定的弹性区间，在预设的教学目标的一定范围内留有可以即时调整的空间。弹性化的教学目标应该灵活、简略，能够开放地接受课堂中发生的意外事件，生成超出课前预设的新的教学目标。弹性化的教学目标包括三维教学目标中涉及的目标，不仅包

---

① 郑艺红：《论生成性教学》，硕士学位论文，福州，福建师范大学，2008。

括显性目标，而且包括隐性目标。

(二)动态重构的教学内容

教学内容是指教学过程中同师生发生交互作用、服务于教学目的达成的动态生成的素材及信息。在课前，教师需要按照教学大纲对一节课的教学内容进行一定的梳理和规划，但是如果设计得过于固定、死板，又会影响课堂中的教学生成。因此，教师应该在课前设计动态化的既相互独立又相互联系的教学内容板块，以并列的形式进行排列，可以移动、删减、补充或者调整顺序，为促进教学生成和学生思维拓展提供空间。

二、 教学过程与活动

(一)灵活调整的教学过程

教学过程指教学活动的展开过程，是师生、生生之间通过对话、互动和沟通，在动态生成中推进教学活动的过程，包括教学组织形式、教学方法、学习方式以及课堂管理等。传统课堂中，教师在课前对教学过程设计预定方案，在课堂教学过程中按照预定的教学计划实施。但是实际教学中可能会发生这样那样的教学意外，只有根据学生课前学习及时反馈，在预设中尽可能进行多种考虑，才能在教学中敏锐、准确地捕捉到转瞬即逝的生成契机，并客观地分析它的价值和意义，弹性灵活地控制教学节奏，重新组织课堂教学。

(二)多维交互的教学活动

活动指主体与客观世界交互作用的过程。据《苏维埃心理学词典》，活动是指主体与周遭世界之间交互作用的动力系统，在这种交互作用的过程中，客体的心理表象得以表征与具体化。[①] 从上述关于活动的释义与理解中我们可以看出，交互是活动的重要表征。

1. 在情境中交往与反馈

交往离不开具体真实的教学情境。在教学中创设情境，教师、学生之间才能更充分地进行交往互动，为教学生成创造机会。"回归生活世界"是新课改的

---

① 钟启泉：《教学活动理论的考察》，载《教育研究》，2005(5)。

基本主张之一，也是生成性教学的理念之一。在教学中需要打破生活与书本的界限，创设与生活紧密联系的教学情境，将无限的生活资源运用于课堂教学中，促使学生将生活经验转化为学科问题解决的基础。教师要根据某一时刻具体的教学情境，结合实际的教学需要作出合理的调整与变动，使其有助于学生之间进行交流互动、产生生成性信息。

2. 在探究中交往与反馈

探究学习中的多种不确定性因素增加了生成的机会和可能。在探究学习中，学生学习自主性增强，可以独立确定探究的方向、路线和方法等，也就增强了生成的力度。探究学习中的开放性激发了学生的创造性和发散性思维，加大了生成的创新力度。在探究学习中，学生需要动手实践、亲身体验，这将会涌现出多种多样的问题和结果，增加生成的多样性。

(三) 多元个性的教学评价

评价与反思是促进生成性教学的有效手段。教学评价可以提供直接的反馈信息，帮助调控教学进程和教学策略，促进教学不断地生成。合理的教学评价为教学生成提供了有效保证。

1. 多元化的评价主体

生成性教学的评价主体不仅仅有教师，还有学生，甚至包括家长。教学评价主体的多元化不仅能够使评价结果更加客观，而且有助于激发并维持学生学习的积极性。

2. 多维度的评价内容

生成性教学的评价内容是多维度的，而不是单一方面的，因为学生的发展是多方面的。不仅评价学生的考试成绩，而且需要对学生的学习方法和能力、学习兴趣、情感体验等方面进行评价。

3. 多样化的评价方式

生成性教学改变了仅以书面考试成绩评价学生的单一方式，以更加灵活、客观的方式评价学生。将考试成绩、日常学习表现、教师评价、同学互评、自我评价等相结合，全面客观地进行评价。

4. 动态化的评价过程

生成性教学的过程是动态的、变化的，因此教学评价也应该动态化。根据学生在教学中的学习情况，灵活采用合适的评价方法和工具，才能真正有效地评价学生的学习行为，使学生积极主动地进行学习。同时，对生成性教学进行及时有效的反思不仅是提高学生生成性学习能力的方法，也是提升教师生成性教学能力的方法。

三、 群体动力与自组织

(一)和谐民主的群体氛围

课堂中的每个学生都不是孤立存在的个体，他们通过相互交往形成各种群体。一般把课堂中存在的各种教学群体划分为正式群体和非正式群体。不管是正式群体还是非正式群体，都有群体的凝聚力、群体的规范和压力，都会产生吸引与排斥、竞争与合作等相互作用，所有这些在一定条件下便会形成教学的群体动力。① 互动是生成的起点，过程是生成的指南针，机制是生成的动力来源。个体的创新能力和创新精神来源于知识生成的过程之中，而互动中的元讨论对于生成至关重要。元讨论是关于讨论的讨论，是一个理解并改进群体过程和群体规范的机会。通过元讨论，小组成员对群体规范或任务更明确，因而更能加强成员参与程度、增强认同感和归属感。积极鼓励学生之间的交流和互动，强化努力后的成功体验，使成员更倾向于对群体抱有积极的态度，以创造良好的协作关系和人际氛围。不同的领导方式造成不同的群体气氛，群体气氛对于群体效能的发挥有重要影响，民主型的领导方式可以提高群体的工作效率。建立新型的师生关系，促进师生之间、生生之间的交流，并给予学生适当的自由空间和时间，因材施教，营造民主、和谐、积极的课堂气氛，有助于学生创造思维的培养。

(二)丰富多样的协作竞争

自组织学习是人获得德行、知识、智慧和美感，实现生命成长的主要方式。

---

① 谢幼如：《网络课堂协作知识建构模式研究》，硕士学位论文，重庆，西南大学，2009。

其本质是人与环境交换精神能量和信息，实现精神的自我构建，具有开放、自主、超越、非线性、可持续等特征。[①] 自组织是系统自行、自我组织起来的过程或现象。协同学创始人哈肯（H. Haken）给出了自组织的经典定义：如果系统在获得空间的、时间的或功能的结构过程中，没有外界的特定干涉，那么系统就是自组织的。[②] 自组织系统演化的开放和远离平衡态（系统自组织的前提）—非线性相互作用（系统自组织的动力）—涨落导致有序（系统自组织的原初诱因）—渐变和突变（系统自组织演变的方式）—相变与分叉（系统自组织演进方向）五个环节[③]，为生成课堂中互动的激发、进展和持续提供了支持。对于课堂这个自组织系统来说，协作和竞争是引起自组织系统突变的重要激发点，外在压力和威胁是增强群体内聚力的有效手段。因此，开展适当的协作和竞争可以有效地引发课堂互动，从而为生成提供持续动力。

第三节　生成课堂的实施策略

要实现生成课堂的价值，除理论探讨外，还必须将其付诸实践。生成课堂应该是充满活力、追求高效的课堂，应呈现出动态生成的学习过程、开放民主的学习氛围、合作互动的学习关系、积极主动的学习探索等。因此，生成课堂需要通过一系列的实施策略实现各种生成，凸显其附加价值。

一、 生成导向的教学[④]

（一）生成导向确定目标

教育的过程是在师生互动过程中，教师通过对学生的需要以及感兴趣事物的价值判断不断调整教学思路和行为，以促进学生更加有效主动学习发展的过

---

① 钱巨波：《试论自组织学习》，载《江苏教育研究》，2008(17)。

② ［德］H. 哈肯：《信息与自组织：复杂系统的宏观方法》，郭治安译，成都，四川教育出版社，2010。

③ 谢幼如、张惠颜、吴利红等：《基于 ARCS 的在线开放课程自组织学习模式研究》，载《电化教育研究》，2017(7)。

④ 刘智松、徐恤和：《小学"生成性"课堂的理论与实践》，207～212 页，贵阳，贵州人民出版社，2005。

程。这是一个动态提高学生对知识的感悟、运用能力的过程，更是一个师生共同学习、教学相长的过程。

生成导向确定目标，体现出的是一种民主，折射出的是一种智慧。随着教学活动的不断展开，新的目标不断生成。然而教学是建立在学生需求的情感点、知识点上的，因此学生在整个过程中认识和体验不断加深，兴趣不断增强，创造性的火花也不断迸发。教师不是从统一的要求出发，而是从要求内化生成的学生自身需要出发、从其自身已形成的认知水平与情感需求等出发，以具备一定幅度和难度的快速过渡和跳跃完成某项教学任务。在这种情境下，教师特别关注学生的兴趣和需要，学生则更多地利用兴趣和疑惑等需求更加愉快、有效地学习。

（二）生成导向调整内容

生成课堂教学更加灵动、生机勃勃，学生以体验的方式参与其中，学习需更主动、更有效，有利于发挥和发展学生的主体性。然而，生成课堂仍存在其自身的不确定性，对教师的现场能力要求很高。"预设"是事前对课堂教学的设想与计划，是一项超时空的预测活动。无论"预设"考虑得如何周详，都不可能与课堂教学过程中发生的情况完全一致。这就要求教师必须实行预设的方案设计与生成的课堂教学的统一，针对鲜活的学情施教，不拘泥于原定方案，积极顺应学生的主体需求与发展，因势利导、因学制宜，及时调整教学的内容。

学生都是具有自身特质的个体，他们各自带着自己的知识、经验以及兴趣投入到课堂教学活动中，并成为课堂教学不可分割的一部分。知识、经验伴随着师生的活动一同走进课堂，并随着它们的变化而变化。因此，教学需要考虑到学生的个体感受，从学生的兴趣点出发，以生成的内容来学习，变按部就班的教学内容为无序但灵动的课堂演绎。另外，学习是一个多层面的、多角度的、渐进的非线性序列过程，所以生成课堂需要大力开发教学资源，可通过以下途径：一是立足课堂学习，开发教材资源；二是重视课外学习，拓宽学习视野；三是借助现代技术，开发网络资源。

（三）生成导向组织活动

生成导向组织活动，第一需要弹性预设，第二需要机智把握生成点。

预设时，为动态生成预留弹性时空，为学生的发展提供足够的空间。虽说课堂教学有许多状况是无法预料的，但其实是有章可循的。只要课前功夫到、准备充分，凭借教学机智，教师可以将课前的预设转变成为精彩的课堂生成。好的课堂预设是为了更好地生成。

针对不同的学科，紧扣学科学习规律，关注学生学科素养发展，才能真正有效把握课堂的生成点。

1. 以学生的质疑问难为生成点

课堂教学必须密切关注学生的学习需求，而学生的学习需求常以他们的方式——疑问表现出来。教师需引导学生从他们的经验世界出发来发现和提出问题，在教学过程中可以让学生提出自己的疑问，对这些问题予以系统整理，选择有价值的问题作为教学的重点。将质疑和教学紧密相连、有机结合，将会产生无限生成的机会。

2. 以学生的个性理解为生成点

因经验、个性的差异，学生对教学过程中言语或文本的理解必然呈现多元化的态势。在课堂教学中，这种多元解读引发学生不同观点的碰撞，产生思想的火花，促进学生的成长。在生成性课堂教学中，教师要主动引导学生从文本的"固定意义"中解放出来，以多元视角解读文本。

3. 以课堂的适当拓展为生成点

教师引导学生利用不同学科之间内容和方法的相互交叉、渗透和整合，来开阔学习视野、提高学科素养。教师也可引导学生跳出"固定文本"的框架，推送相关性拓展资源，再激发学生从不同角度随机拓展，体现学科教学的丰富性和延展性。

(四)生成导向推进实施

生成是学生原有认知结构不断调整、充实和完善的过程。在教学过程中，要给予学生心灵的激荡和智慧的碰撞，就要引导学生不断突破教学重点和难点。与此同时，需要以生成的方法来推进课堂教学。

1. 创设情境求生成

教师可创设一定的情境，激发学生情感的共鸣，尤其是语言类学科。除了让学生靠耳朵听、靠眼睛看，教师更要用"情"去拨动学生的心弦，促使其用"心眼"去学习，从而丰富自身的体验、提高学科素养。

2. 运用迁移求生成

运用迁移学习新知时，对一些有关联的知识，教师可引导学生利用迁移方法由此及彼地学习，举一反三、融会贯通。运用迁移体验新方法时，对一些原理方法性的知识，教师可引导学生层层迁移，最终亲自体验其方法的缘由和适用范围，进而生成能力。

3. 改变模式求生成

教师可改变课堂教学的常规模式，运用各种有趣的形式激发学生的学习兴趣、情感，使课堂更加有吸引力和生命力，进而在新的环境中不断生成。

二、 积极互动的参与

生成课堂中，学生的参与状态、参与程度直接影响着教学的效果，也直接影响着生成的质量。因此，课堂教学中不仅要强调学生学习的结果，而且要强调学生学习的过程、参与的状态。学生只有通过积极参与各项教学活动，以产生交互影响作用方式，才能从感性上形象地去体会自身的主体地位及意义，实现积极互动。参与策略有以下基本的要求。

(一)人人参与

能否做到人人参与是积极互动的一项重要指标。教师以促进者、引导者的身份与学生积极互动，引导学生之间相互参与、积极互动，从而形成个体之间、个体与群体之间人人参与教学的生动局面。

(二)全程参与

教师应引导和组织学生参与教学互动的全过程。在积极互动阶段前，教师创设情境、展示目标，学生则理解目标、进入学习角色，通过参与互动完成学习目标。为实现学生的真正参与，激发并维持他们良好的参与状态，教师需不断提出思考的问题，唤起学生对知识的兴趣。

(三)行为参与

学生的行为参与一般表现在以下三方面。

1. 质疑

教师应引导学生主动探究、质疑，随时鼓励学生问难，使学生始终处于积极的学习状态，努力提高学习效率。

2. 讨论

讨论是学生积极互动的良好形式。在教学中，教师应抓住指导学生讨论的契机，在学生获得一定的感性材料且尚未得出结论时组织讨论。另外，鼓励学生讨论时自由争论，在不同的组织中找到自己的位置。

3. 操作

教师在课堂教学中可适当引导学生动手写写、画画、测测等，为实现一定的教学目标付诸实践行动。

(四)思维参与

思维参与是学生对兴奋源自愿地、积极地进行思考与探索，从而满足自身需求的一种心理活动。平等、民主、和谐的教学氛围是促进学生思维参与的前提条件，教师积极创设是学生思维参与的兴奋源。[1] 课堂教学中，教师应给学生自由选择的机会，如思考问题的方法、参与教学的途径等方面的选择。教师应尊重学生的意愿，适当加以点拨引导，鼓励学生标新立异、表达自己的思想。[2]对于学生在学习上的不同看法、意见、建议等，都应予以保护、尊重、赞扬，同时应留给学生充分思考问题的时间和空间。思维参与是深层次的主体参与，是主体参与的核心与主线。只有思维参与才是学生真正的主体参与，也只有思维参与才能真正体现学生的主体地位。

三、 开放交往的对话

对话是指课堂教学中师生之间、生生之间的互动交流。对话的目的在于通过这种交流和沟通达到知识和技能的掌握、各种能力的培养和提高。生成性课堂中，对话可诱发学生参与教学、体现学生的主体性，也可提供练习和反馈的

---

① 刘永江：《思维参与才是真正的主体参与》，载《北京教育(普教版)》，2010(4)。
② 王德勋：《课堂教学积极互动策略研究》，载《教学与管理》，2006(9)。

机会、为教师针对教学实际情况作出调整提供线索；能帮助学生迁移学习结果、生成能力，也能活跃课堂气氛。生成性课堂教学中，为实现丰富的生成，需构建和谐、民主的学习氛围，提供开放的环境。通过交往的方式及关系进行对话，达到知识的传递、方法的形成、能力的习得、情感的体验的目的，以此彰显不同类型的生成。关于对话策略的运用，需注意以下几点。

(一)真诚对话，引发学生对话意识

真诚对话要以建立师生平等关系作为重要保障，这里蕴含了教师高超的对话艺术，涉及教师的人格魅力等显性品质。教师需调动一切内在和外在的积极因素，在理解文本的背景下将对话的氛围创设得更加真诚、自主。我们可以从《论语》中体会到孔子和学生的真诚对话。学生完全将自己的内心世界暴露在孔子面前，孔子也在学生面前放弃"他我"、敞开真实的"本我"。课堂对话要想有效，必须是彼此间坦诚相对，互相将内心的感受、思想传递给对方，不断显现"本我"。

(二)平等对话，尊重学生个性体验

学生的个性体验超出教师所设计和期望的轨道，是教学实践中屡见不鲜的。其实，每一个学生都有不同的个性、生活背景与知识水平，自然会对学习内容产生不同的理解。对于这些"准标准"，教师要给予足够的信任和尊重，不必过分强调"标准""统一"。轻松愉快的课堂气氛让学生感到教师承认他的价值、尊重他的想法，尊重是学生学习的需要。美国著名哲学家、人本心理学家马斯洛的研究表明，一个人在生存需要、安全需要以及从属和爱的需要得到一定程度的满足后，便会开始对名誉、地位、成就给予较多的关注，这就是尊重的需要。

(三)情境对话，营造学生真实感悟

学习不是空中楼阁，它建立在学生实际的学习起点上。教师需要充分认识到这一点，并以此为基点设计情境对话。学习起点应包括知识水平起点和生活经验起点。怎样最大限度地激发学生的真情实感呢？孔子曰："言未及之而言，谓之躁；言及之而不言，谓之隐；未见颜色而言，谓之瞽。"教师要做不失言的知者，而不能成为躁者、隐者和瞽者。

(四)发展对话，建立生活化的联系

除了以知识和技术为对象的工具学习的内容外，对话学习更重要的是强调

交往与互动。新的课程理念背景下的对话形式有很多，其中教师与学生和文本的对话是基础。但和文本的对话最终要面向生活，对话的结果还是要接受生活的检验。教师可以利用各种对话形式，面向社会、面向实践，提供机会让学生去动手、去操作、去体验等，从而使学生获得其中存有的属于个人的默会知识。

有效的课堂对话昭示着平等、民主、互动的教学关系，凸显着生成、创造、发展的精神魅力。在教学活动中，教师要选用符合实际的方法策略，从不同角度思考，让学生在激情中、思辨中、探究中与文本对话、与教师对话、与伙伴对话，在有效对话过程中还原课堂本真，实现知识的积淀、人文的浸润、智慧的构筑。

四、 灵活自然的调控

生成课堂教学包含着对差异性和教学事件的接纳。教学事件是教学过程中生成的一种有益的教学资源，除少数具有破坏性之外，多数是值得教师反思的，如为什么会出现这样的事件、什么时候出现、怎样处理、学生反应如何、有无更好的解决途径等。

苏霍姆林斯基曾说过，教学的技巧并不在于能预见课堂的所有细节，而在于根据当时的具体情况，巧妙地在学生不知不觉中作出相应的变动。在围绕学生发展精心设计的基础上，教师要充分运用自己的教学智慧，在不断变化的课堂上发现、判断、整合信息，灵活调整预设，以促进课堂教学的有效生成。具体地说，灵活自然的调控策略可以从以下几个方面实施。①

(一)注重情感调控，激发学习兴趣

学生的学习过程是一种认识过程。舒畅、愉悦的情感能促进认识过程的发展，能使学生积极主动地学习，反之则会阻碍其发展。因此，教师要密切注意学生的情绪变化，敏锐地洞察学生的兴趣表现。可以考虑用下列方式安排教学：在正式讲授之前，可提出与教学内容相关的一些问题，以引起学生兴趣和思考，因为有目的地"创设问题情境"可在心理上形成一种悬念，激发学生的求知欲；在课堂教学中，通过讲解、讨论启发学生探究、深思、发现，最后解决问题，

---

① 李艳萍：《课堂教学调控策略初探》，载《陕西教育学院学报》，2000(1)。

使学生感受获得成功的喜悦、提高学习兴趣。同时，教师应了解不同年龄学生的心理特点，建立和谐的师生关系，进行生动活泼的课堂教学，使学生在愉悦、有序的环境中获得新知、发展智能。

(二)发挥教学机智，完成突发问题调控

面对课堂教学中的突发问题，教师应先衡量是何种类型或何种性质的问题、是否需花时间解决；如需解决，是否可机智地将其与自己的教学计划、教学步骤相联系、组合；在经过重组后，敢于放下自己已拟定的计划，将问题彻底解决。若无浪费时间解决的必要，则可用比较自然、简练的话语带过。当课堂上出现与教师的预设不一致的生成性资源时，教学中随机折射的不仅是教师的智慧，而且是教师的魅力和魄力。此外，通过恰当处理课堂教学中的突发问题或意外事件、充分利用生成性资源，能使生成性课堂带来正态的附加价值，进而更加活跃课堂气氛。

(三)灵活调控教学内容，拓宽学生知识面

在教学中，教师应适当拓宽课本知识，努力创设兴趣情境，使学科教学贴近生活，运用所学知识来解释日常生产生活中遇到的问题和现象。另外，应控制拓展知识的难度。过难，学生不理解，是浪费；过易，既降低了教学要求，又会挫伤学生学习的积极主动性，更是浪费。

(四)强调反馈调控，优化思维过程

经过课堂教学，学生往往满足于"懂了"而不求甚解。若能紧紧抓住这一时刻，及时调控教学节奏，并伴以反馈矫正，进行形成性评价，可收到事半功倍的效果。在学习一些新理论、新概念或其他知识时，不仅要求学生从字面上去理解，而且尽可能从多角度同相邻学科知识或已有知识进行联系，或用具体事例去论证。这样不仅能加深对新知识的理解，而且是对原有知识的复习和巩固。

五、 适宜的拓展延伸

拓展延伸作为学科教学环节中必不可少的重要模块之一，若实施得当，不但可以深化学生对学科文本的解读与理解，而且可以拓宽学生的学习视野、强化学生的横向思维训练、扩充学科课堂教学的容量。学科教学中必不可少的拓

展延伸也应真心实意地尊重学生、关注学生的生活、保持学生的新鲜感和兴趣，要做好这一环节的设计。生成性课堂中，拓展延伸环节除帮助学生获得必要的拓展知识外，更关注学生自身的生成如何。制定拓展延伸策略，需从以下几点入手。①

(一)个人兴趣导向拓展延伸

兴趣是最好的老师，它是高效课堂存在的前提，也是生命课堂充满活力的基础。兴趣因人不同，因家庭背景、生活阅历、人格志趣、知识水平等而不同。学生心灵深处的兴奋，是在课堂上通过教师的引导(或由教学语言，或由师生互动，或由学习内容，或由教学方法等)而激发。教师可通过能力拓展的方式来鼓励学生的兴奋、以知识的延伸来支持学生的兴奋，打动学生的心灵，从而助推它转化为知识、方法、能力、情感的生成。

(二)真实生活导向拓展延伸

中小学生生活阅历浅，情感体验相对淡薄。拓展延伸若超越了学生的生活体验、认识水平，不仅费时费力、效果不佳，而且会伤害学生的学习积极性。因此，教师应在立足于文本、教学目标的基础上，联系学生的生活实际，精心选点设点，使拓展面与学生的生活经验有机结合起来，在课堂教学中恰到好处地实施。

(三)已学知识导向拓展延伸

教师进行拓展时，拓展的内容也应围绕着所学文本进行考虑和设计。从众多教学设计、教学实录或教学案例来看，绝大多数教师用来进行拓展的文本是课外的文本，与课内所学文本或题材内容相同，或主题思想相同等。学生对拓展内容熟悉之后，才有可能潜心研究内容，也才有可能真正达到拓展延伸的目的。因此，拓展内容要以学生已学的内容为落脚点，在此基础上充分发挥学生的积极性和主动性。

【本章小结】

本章构建了生成课堂的理论模型、提出了生成课堂的推动机制、明晰了生

---

① 钱晓娣：《语文阅读教学的拓展延伸策略》，载《生活教育》，2015(24)。

成课堂的实施策略，从而为构建生成课堂提供了理论依据。要点如下。

1. 生成课堂的理论模型

(1)生成路径：弹性预设→交往与反馈→应对与建构→生成与创造→评价与反思。

(2)支持环境：依托5G网络、大数据、人工智能等新型信息技术工具的课堂环境，主要体现为网络学习空间、电子书包、智慧教室、智慧功能场室和智能实验室等承载形式。

(3)主要生成点：①疑难困惑点；②碰撞争论点；③偏差错误点；④思维闪光点；⑤教学事件。

(4)生成结果：①生成知识；②生成方法；③生成能力；④生成情感。

2. 生成课堂的推动机制

(1)教学目标与内容：①弹性预设的教学目标；②动态重构的教学内容。

(2)教学过程与活动：①灵活调整的教学过程；②多维交互的教学活动；③多元个性的教学评价。

(3)群体动力与自组织：①和谐民主的群体氛围；②丰富多样的协作竞争。

3. 生成课堂的实施策略

生成课堂的实施策略：①生成导向的教学；②积极互动的参与；③开放交往的对话；④灵活自然的调控；⑤适宜的拓展延伸。

第三章
生成课堂的环境构建

→ **内容结构**

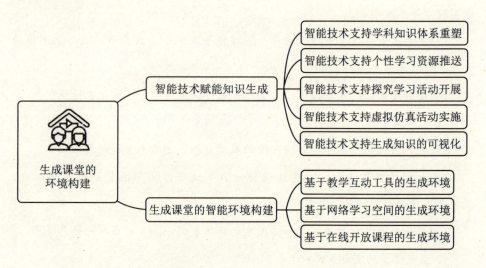

当下，充分利用人工智能等新兴信息技术，融合互联网思维，培养具有新时代特点、德智体美劳全面发展的社会主义建设者与接班人，不仅是我国教育的目标，而且是今后教育信息化事业发展的落脚点。云计算、移动互联网、人机交互等新一代信息技术持续融入教育教学全过程，为更加高效、智能和个性化的生成课堂构建提供支持。基于此，我们将从学科知识体系重塑、个性学习资源推送、探究学习活动开展、虚拟仿真活动实施和生成知识的可视化五个方面概述智能技术如何赋能知识生成。同时，以教学互动工具、网络学习空间和在线开放课程为依托构建三种不同的生成课堂支持环境，从而为构建智慧的生成课堂教学环境提供新思路和新方法。

第一节　智能技术赋能知识生成

以智能技术助力教育信息化的创新发展，从而带动教育教学的内涵发展，已成为信息时代的必然趋势。基于此，我们将智能技术与知识生成相结合，论述智能技术对知识生成的支持。

一、智能技术支持学科知识体系重塑

新时代创新人才培养的需要呼唤着现有课堂教学应充分利用智能技术，重塑原有学科知识体系和课堂组织形式。落实立德树人根本任务，对标学科核心素养，以大单元形式重构教学内容，以任务群、问题链的路径重构教学活动与组织，融合新型信息技术手段和工具，实现多元智能评价，是新时代课堂教学的主要导向之一。学科知识体系不再由分散的知识点组成，而是基于学科核心素养组成一个个大单元。自科学从哲学母体分离后独立发展以来，早已分化出物理、化学、生物等不同学科，而不同学科知识之间的流动渗透又进一步发展出多种交叉学科。知识的进步、学科间的相互交叉融合和渗透①，为知识生成提供了良好的基础条件。依托智能技术实现学科知识体系重塑，一方面应充分利用人工智能、大数据等深入挖掘知识点之间的联系，聚合形成互补创新的知识点集合；另一方面应依托智能技术重构创新教学模式，从而实现教学内容与教学过程的匹配，为实现高效的知识生成夯实基础。

二、智能技术支持个性学习资源推送

随着由预设至生成的教学观念改变以及人类获取信息"由拉至推"的方式变革，学习资源的流动成为创造教学价值的特征之一。利用智能技术开展教育教学活动，就是要利用智能技术支持教学全过程，实现数据与技术驱动的个性化学习。资源推送一般包括"收集资源—分类资源—模式识别—匹配学情—推送资源"五个步骤，网络学习空间可对学习者生成的资源进行收集，之后按照文件的

---

① 叶鹰、张家榕、张慧：《知识流动与跨学科研究之关联》，载《图书与情报》，2020(3)。

类别、内容、级别等维度进行分类存储归档。当分析后的学习者学情数据和资源的类别近似匹配时，网络学习空间就将这部分资源呈现在学习者的个人中心，以供学习者自行筛选资源。此外，网络学习空间中的资源库支持学习者自建、分享资源，以资源的流通驱动个性化学习的实施。

三、 智能技术支持探究学习活动开展

环境是开展探究的基础，智能技术为学习者提供虚拟的协作构建环境与工具，同时与现实的物理学习空间相互融合，形成虚实融合的学习空间。微博、讨论区、论坛等网络学习空间中广泛使用的应用案例承担着大部分的协作探究功能，也为探究学习的有效开展附加了互联互动的属性。无论是专题教育社区，还是基于联通主义的 MOOC 课程，抑或是围绕某一主题或具体活动任务的虚拟学习社区，其聚焦的主题、明晰的主线、丰富的资源、多样的活动与个性的评价都为开展探究学习活动提供支持，同时为知识的生成提供外源动力和内在支持。

四、 智能技术支持虚拟仿真活动实施

真实的任务实践是促进和影响知识生成的重要因素之一。学习者在完成真实的任务时会充分调动资源，以目标为导向开展实践，以任务驱动完成实践。智能技术能够为学习者提供虚拟仿真的实训环境或虚实融合的应用场景，以高交互性的特征营造真实的代入感。虚拟仿真实训平台、虚拟仿真实验室、在线操作模拟等实训环境与工具能够帮助学习者应用并激活所构建的主体需求与客体功能之间的映射关系，实现知识生成。例如，利用虚拟仿真软件实施科学课教学，帮助学生直观了解宇宙、行星等运行规律；利用虚拟仿真实验平台实现对化学实验的模拟与操作，帮助学生掌握和探究化学反应规律；基于虚拟仿真的护理技能培训中，学生利用虚拟仿真软件或工具完成从静脉穿刺、住院护理等单项技能到数字人体解剖、虚拟手术配合等综合技能的训练，并在操作中不断生成新的知识、经验或附加价值，从而实现知识生成。

五、 智能技术支持生成知识的可视化

在学习学科概念、定义等内容时，学生需要通过观察、理解等方法明晰其外在表征、掌握其基本含义。为保证学生快速理解新知，可视化技术能够利用图形、图像等可视化资源展示或是通过仿真等技术进行模拟现实，再现事物的真实情境，增进学生对事物的理解。在交流互动的过程中，学生发现新生成的知识与原有的认知结构不相符，或发现现有知识无法解决当前问题，这样便产生了认知冲突。因此，可以利用思维导图、概念图等图示法支持学生进行探究，辅助学生梳理事物的内部逻辑关系，从而促使内容性知识的生成与表征。在学生掌握了一定程度的知识后，新生成的知识会携带其特定的情感、价值观等因素，与学生现有的情感、价值观发生碰撞，融会贯通后即可生成价值性知识。利用书写工具将形成的价值性知识写下来，或在平台上进行交流分享，或以视频、绘画等视觉隐喻的方式表达出来，有助于价值性知识的生成与表征。

第二节 生成课堂的智能环境构建

依托智能技术支持的生成环境，能够为学生提供获取信息、协作互动和实践应用的工具或平台，从而助力学生实现知识生成。基于此，我们将从教学互动工具、网络学习空间和在线开放课程三个方面为构建智慧的生成课堂教学环境提供新思路和新方法。

一、 基于教学互动工具的生成环境[①]

"从遥远的过去开始，遍及世界文化的各个角落，人类活动总是通过技术加以实现。"[②]当今，以互联网为代表的信息技术日新月异，对人类的思维、生产、生活和学习等各种活动正在产生深刻的影响。根据知识生成的理论基础及生成

---

① 李伟：《智慧课堂中知识协同创生模型的构建与实现》，硕士学位论文，广州，华南师范大学，2017。
② ［美］唐·伊德：《技术与生活世界——从伊甸园到尘世》，韩连庆译，24页，北京，北京大学出版社，2012。

性教学的一般过程，我们设计开发了知识协同生成互动工具，并面向概念性知识生成、程序性知识生成和元认知知识生成开展实践研究。

(一)知识协同生成互动工具需求分析

1. 功能需求分析

知识协同生成互动工具应能支持学生按照知识协同创生路径开展创生活动。根据体验、互动、联结、创生四个步骤，系统应该具备以下功能。

第一，支持多种学习资源的上传及在线学习。

第二，支持创生主体在线交流。

第三，提供知识整理工具，辅助创生主体进行知识整理。

第四，提供创作工具，辅助创生主体进行作品创作，同时支持作品上传、评阅。

详细的功能说明如表 3-1 所示。

表 3-1　知识协同生成互动工具功能需求

功能目录	详细说明
资源上传与学习	支持图片、文档、视频等的上传
	支持图片、文档、视频等的在线学习
在线交流	支持学习个体与学习共同体、教师等在线交流
提供工具	支持知识整理工具的在线提供
作品上传	支持图片、文档、视频等形式的作品上传

2. 用户需求分析

在智慧课堂中，知识协同创生的主体主要是学生。通过对智慧课堂中知识协同创生的教师和学生进行调查，以促进学生知识协同创生能力生成为目标。系统应该具备以下功能。

第一，支持学生、教师两种注册与身份认证，学生是创生主体，教师进行辅导与管理。

第二，支持知识协同创生的开展。支持完整的知识协同创生路径，即体验、互动、联结、创生等基本环节。学生根据知识协同创生环节开展创生活动，教师则对活动进程进行监控和个性化辅导。

第三，支持知识协同创生可视化引导。为学生提供知识协同创生可视化导航，并在每个知识协同创生环节为学生提供线索和提示、详细呈现学习内容等，激励学生深层次思考，促进知识协同创生。

第四，提供智慧课堂中的知识协同创生工具。根据知识协同创生环节的实际需要，依托智慧课堂提供多样化的工具，以支持学生体验、感知他人的隐性知识，支持知识表征与互动交流，促进知识整理、联结、建构，支持知识巩固、内化，支持作品创作、分享、评价等。

详细的功能说明如表 3-2 所示。

表 3-2　知识协同生成互动工具用户需求

功能目录	详细说明
学生	注册、身份认证
	支持完整的知识协同创生路径，即体验、互动、联结、创生等基本环节
	支持知识协同创生可视化引导
	提供智慧课堂中的知识协同创生工具
教师	注册、身份认证
	课程创建、管理
	资源上传、删除
	学生留言管理
	学生作品管理

3. 用户权限需求分析

知识协同生成互动工具系统的用户分为学生、教师两类，两类用户的权限需求如下。

第一，学生应该拥有系统登录（注册及登录）、自己的留言的管理（留言及删除）以及自己创作的作品的管理（上传、修改、删除）权限。

第二，教师扮演了管理员角色，权限比学生多，包括系统登录（注册及登录）、课程管理（添加课程、编辑课程、添加课程学习者、删除课程学习者）、资源管理（上传资源、删除资源）、留言管理（回复留言、删除留言）、作品管理（作品打分、删除作品）等。

详细的功能说明如表 3-3 所示。

表 3-3　知识协同生成互动工具用户权限需求

功能目录	详细说明
学生权限	系统登录
	留言管理
	作品管理
教师权限	系统登录
	课程管理
	资源管理
	留言管理
	作品管理

(二)知识协同生成互动工具技术实现

1. 用户登录模块实现

知识协同生成互动工具有两类用户，一类是学生，另一类是教师，两类用户都通过浏览器访问 Web 服务器。当用户通过 PC 端或移动端访问 Web 服务器后，跳转欢迎界面(移动端)及登录界面。教师端要求用户分别输入用户名和密码完成登录，第一次登录可通过注册新账号，在登录过程中 Javascript 脚本验证用户名的输入是否符合规则、是否为空；学生端只要求用户输入学号即可，第一次登录的系统要求进行相关信息完善。在用户提交信息后，系统验证用户名和密码是否正确。学生端欢迎界面及登录界面如图 3-1 所示，教师端登录界面如图 3-2 所示。

图 **3-1**　知识协同生成互动工具学生端欢迎界面及登录界面

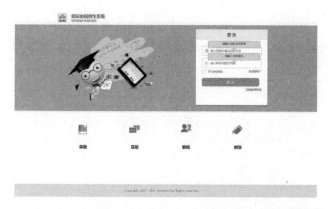

图 3-2　知识协同生成互动工具教师端登录界面

教师登录系统后，首先需要添加课程和班级。同时，教师还可以随时切换课表视图和课程视图。课表视图是以周为单位显示教师需要上的课的课表，课程视图则显示教师添加的课程。具体如图 3-3 所示。

图 3-3　知识协同生成互动工具教师端添加课程/班级界面

知识协同生成互动工具为教师提供了课程和班级管理功能，教师可通过两种方式让学生添加进课程，分别是扫描二维码的方式和输入编号的方式。具体如图 3-4 所示。

图 3-4　知识协同生成互动工具教师端课程/班级学生管理界面 1

同时，知识协同生成互动工具还为教师提供了点名功能，同样提供了两种方式，学生可以通过扫描二维码或者输入签到号进行签到。具体如图 3-5 所示。

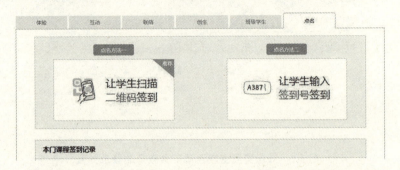

图 3-5　知识协同生成互动工具教师端课程/班级学生管理界面 2

学生第一次登录知识协同生成互动工具，首先需要完善自己的相关信息，如姓名、年级、班级、学号等。完善信息之后，需要添加相应的课程。完善信息及添加课程具体如图 3-6 所示。

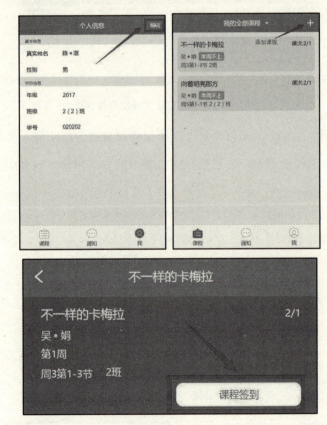

图 3-6　知识协同生成互动工具学生端完善信息/添加课程/课程签到界面

2.“体验”模块实现

教师通过 Web 访问“体验”模块，可以实现学习资源的上传、下载与删除等资源管理。资源数据是存放在对家存储中，前端通过对家存储的 jsAPI 和私有的 key 将文件上传至存储空间。上传成功后，会得到一个文件的访问路径，将该路径提交到系统后端保存。教师上传文件要小于 100M。教师端具体如图 3-7 所示。

图 3-7　知识协同生成互动工具教师端“体验”模块

学生通过 Web 访问“体验”模块，可以实现资源（如微课）的在线学习、下载等。学生端具体如图 3-8 所示。

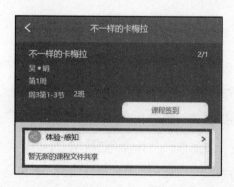

图 3-8　知识协同生成互动工具学生端“体验”模块

3.“互动”模块实现

该模块显示教师与学生、学生与学生的交流互动情况。教师与学生通过 Web 访问“互动”模块，可以提问、留言、讨论。该模块教师与学生权限相同，可以发起或删除留言，也可以对别人的留言进行回复。教师端具体如图 3-9 所示，学生端具体如图 3-10 所示。

图 **3-9** 知识协同生成互动工具教师端"互动"模块

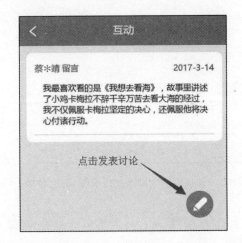

图 **3-10** 知识协同生成互动工具学生端"互动"模块

4."联结"模块实现

教师通过 Web 访问"联结"模块发布知识联结构建的提示，可发布相关知识整理提示，也可为学生提供相关知识整理工具(如附上相关在线工具的网址)。该提示仅对参与该门课程的班级学生公开，提示发出后系统会提醒本班级学习该门课程的同学查看。学生通过 Web 访问"联结"模块接收并查看联结提示，在提示的指引下或利用教师提供的相关工具整理知识。教师端具体如图 3-11 所示。

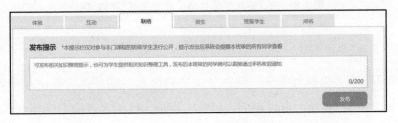

图 **3-11** 知识协同生成互动工具教师端"联结"模块

5."创生"模块实现

教师通过 Web 访问"创生"模块发布作品创作要求，提示学生具体的创作内容、上交时间、上交方式，也可上传相关附件作为补充说明。学生通过 Web 查看"创生"模块发布的作品创作要求，并进行作品创作，最后通过该模块上传创作的作品。资源数据是存放在对家存储中，前端通过对家存储的 jsAPI 和私有的 key 将文件上传至存储空间。上传成功后，会得到一个文件的访问路径，将该路径提交到系统后端保存。教师端具体如图 3-12 所示，学生端具体如图 3-13 所示。

图 3-12　知识协同生成互动工具教师端"创生"模块

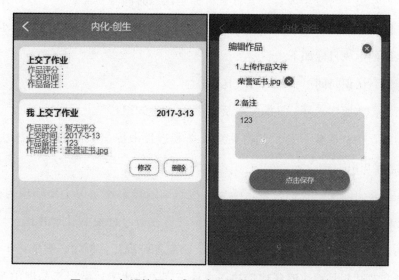

图 3-13　知识协同生成互动工具学生端"创生"模块

(三)知识协同生成互动工具应用实践

我们将知识分为事实性知识、概念性知识、程序性知识与元认知知识四类。

事实性知识是学习者通晓一门学科或解决其中的问题所必须了解的基本要素，如专门词汇、音乐符号等。这一类知识对协同的需求并不高，学生完全可以通过自主学习获得。而概念性知识、程序性知识与元认知知识是相对更大的体系内相互联系的事实或概念层次网络组织，这三类知识的有效生成更需要协同系统内各要素的交互作用。

我们选择 L 小学三(1)班与六(2)班以及 T 小学北校区二(2)班，基于知识协同生成互动工具，面向概念性知识、程序性知识与元认知知识三类知识的协同创生开展实践应用。

1. 概念性知识生成应用个案

①应用概述

概念性知识是在一个更大的体系内共同产生作用的涉及类目、分类等要素之间的关系，包括原理、规律、结构与关系等。因此，在具体的教学应用中，应侧重于学生对规律、原理、关系等的理解与生成。我们选取 L 小学三(1)班的数学课《年、月、日》进行概念性知识生成教学应用。《年、月、日》是人教版小学数学三年级下册教学内容，其教学目标是认识时间单位年、月、日，并掌握它们之间的相互关系(大月和小月各有多少天，一年中有几个大月、几个小月)。因而该课的生成目标如下。

第一，认识时间单位年、月、日。

第二，掌握年、月、日的关系及换算(概念性知识)。

第三，在掌握年、月、日的关系及换算过程中提出新的概念性想法或问题(概念性知识)。

在教学实践中，我们发现，学生生成出来的概念性知识主要体现为两种：观点或问题、学习作品。观点或问题即学习者在学习过程中形成的观点与提出的问题，是用语言或文字使概念、命题、表象等可视化。例如，学生将年、月、日的概念及其相互转换的规律等用语言或文字表达出来；学习作品即学习者在学习过程中形成的图片、音频、视频等形式的作品，一般是学习者将知识综合外化的一种形式，通常以非结构化的数据形式呈现，如学生续编的年历。

②应用设计

从该课的生成目标可以看出，该课应重点引导学生掌握规律和关系，促进学生的概念性知识生成。根据生成目标，结合知识协同生成互动工具的功能作用，该课教学过程如图 3-14 所示。

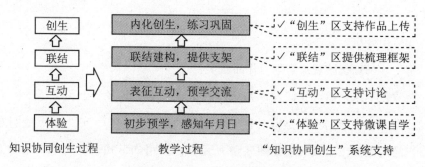

图 3-14 《年、月、日》教学过程

第一，初步预学，感知年月日。

教师先询问学生生日的所在月份，以贴近生活的方式激趣导入新课；引导学生通过平台的"体验"模块，自主学习"年月日的初步认识"微课；并引导学生思考学到了什么、还存在什么疑问。该环节学生能初步生成一些事实性知识，如年、月、日的概念，一年有 365 天等。

第二，表征互动，预学交流。

学生学习完微课，在平台的"互动"模块就自己所学或遇到的问题留言，并浏览其他同学的收获和疑问，然后线下自由活动，帮助别人解决问题。该环节学生能开始生成一些零散的概念性知识，如年、月、日的换算规律，特殊的年月日等。

第三，联结建构，提供支架。

学生仔细观察教师提供的年历，结合预学知识以及讨论交流的结果，总结归纳年、月、日的规律，在教师提供的练习纸上记录下结论；在教师的引导下，总结出年、月、日的相关知识，总结梳理"左拳记忆法"与"儿歌记忆法"并在平台的"互动"模块讨论交流，玩"大月男生起立、小月女生起立"的游戏。

该环节是比较重要且核心的环节，是概念性知识生成的重要环节。学生经历这部分之后，概念性知识表征的可视化状态为观点或问题。

第四，内化创生，练习巩固。

学生经历两个闯关题，第一关是年、月、日知识的基础检测，第二关为一个综合运用——日记找错（主要是找日记里的时间错误）。该环节学生能将"联结"环节生成的概念性知识进一步深化，其表征的可视化状态为观点以及续编的年历。

③应用效果

第一，"概念性"观点与学习作品较多。

课堂教学结束后，我们发现知识协同生成互动工具平台上留下了学生们较多的数据。这些数据主要是概念性知识表征的可视化状态，分为观点或问题及学习作品两大类。生成的量如图 3-15 所示。由图可知，知识协同生成互动工具平台共留下学生的观点或问题 80 条、学生的学习作品 33 个。从数量上来看，学生在课堂上的互动与概念性知识的生成情况较为良好。当然，这仅仅是平台上留下来的数据，课堂上还有很多语言形态的观点或问题未被平台捕捉到。

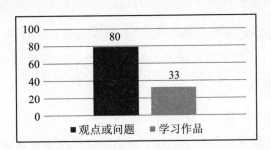

图 3-15　概念性知识创生量

第二，对"年月日"的相关原理与规律掌握良好，互动中有新想法与新问题出现。

对知识协同生成互动工具平台上留下的数据进行分析，"互动"区域大部分是学生对"年月日"的相关原理与规律的理解观点。从留言内容以及学生续编的年历来看，大部分学生都较好地掌握了"年月日"的相关原理与规律。部分学生创作的年历作品如图 3-16 所示。同时我们发现，学生在学习过程中还生成了较多的关于"年月日"的相关原理与规律的观点与问题，如闰年及闰月对气候是否有影响、具体的闰年及闰月如何计算等。

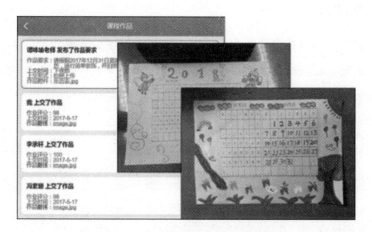

图 3-16 部分学生创作的年历作品

2. 程序性知识生成应用个案

①应用概述

程序性知识是做事的方法、探究的方法以及使用技能、算法、技术和方法的准则，通常以一系列要遵循的步骤的形式出现，主要解决"如何做"的问题，如听说技能、欧姆定律的算法及运用等。因此，在具体的教学应用中，应侧重于学生对技能、算法等运用类知识的生成。我们选取 L 小学六（2）班的英语课"Where will you go?"进行程序性知识生成教学应用。"Where will you go?"是教育科学出版社英语（三年级起点）六年级下册 Module 5 Travel abroad 第一课的课文，教学重点是在掌握一些国家（日本、法国等）、首都、国旗和景点等单词的基础上，理解并运用 Where will you go? I will go to/I want to go to/I will choose/I can see there/I love/I would like to/I want to 等句型。因而该课的生成目标如下：

第一，掌握一些国家（日本、法国等）、首都、国旗和景点等单词。

第二，理解并运用 Where will you go? I will go to/I want to go to/I will choose/I can see there/I love/I would like to/I want to 等句型，创新性地进行表达交流（程序性知识）。

在教学实践中，我们发现，学生们生成出来的程序性知识主要体现为两种："程序性"观点或问题（如利用句型表达去国外旅行应该注意的事项）及"程序性"学习作品（如运用单词和句型制作的旅行心愿卡）。

②应用设计

从该课的生成目标可以看出，该课应重点引导学生掌握句型的运用，强调说和写的技能，促进学生的程序性知识生成。根据生成目标，结合知识协同生成互动工具的功能作用，该课教学过程如图 3-17 所示。

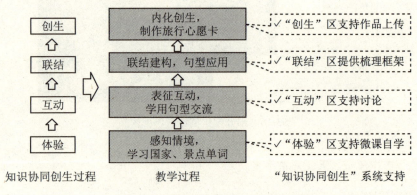

图 3-17　"Where will you go?"教学过程

第一，感知情境，学习国家、景点单词。

教师出示世界地图，设置"Let's go traveling"情境，激发学生学习激情；学生通过平台的"体验"模块自主学习"The world"微课，初学国家、景点等单词；学生在教师的引导下全班齐读课文、同桌读课文、分组读课文；学生通过填写部分挖空句子完成单词掌握情况检测。该环节学生能初步生成一些事实性知识，如单词日本、法国等。

第二，表征互动，学用句型交流。

学生回忆并思考已学句型：Where will you go? I will go to ……同伴之间运用句型相互说，小组一起来展示；学生观看介绍国家、景点的微课；学生在平台上利用句型 I think …… / …… is famous for ……表达对景点的感受，并浏览其他同学发表的留言。该环节是比较重要且核心的环节之一，是程序性知识生成的重要环节。学生通过互动交流，训练运用句型表达出游的感受。程序性知识表征的可视化状态为文字或语言形态的观点或问题。

第三，联结建构，句型应用。

教师给定学生整理单词、句型的表格；学生仔细观察教师提供的框架，填写表格、归纳整理；学生综合运用所学，在平台上利用相关句型 We should…… We shouldn't...发表出国旅行时哪些可以做、哪些不可以做的观点，并相互查看、交流。该环节也是比较重要且核心的环节之一，学生在教师的引导下整理学习的单词、句型等，并综合运用学习的单词、句型等写和说。程序性知识表征的可视化状态为文字或语言形态的观点或问题。

第四，内化创生，制作旅行心愿卡。

学生综合运用该课所学的单词、句型等，以制作旅行心愿卡的形式表达自己的出游心愿；学生查看并学习其他同学上传的旅行心愿卡。该环节学生能将"联结"环节生成的程序性知识进一步深化，其表征的可视化状态为观点以及制作的旅行心愿卡。

③应用效果

第一，"程序性"观点或问题生成尤为丰富。

课堂教学结束后，我们发现知识协同生成互动工具平台上留下了学生们较多的数据，尤其是学生的观点或问题。这些数据主要是文字形态表征的程序性知识，分为观点或问题及学习作品两大类。生成的量如图 3-18 所示。由图可知，知识协同生成互动工具平台共留下学生的观点或问题 122 条、学生的学习作品 42 个。从数量上来看，学生在课堂上生成的"程序性"观点或问题尤为丰富。同时，课堂上还以线下的方式生成了很多"程序性"观点或问题，反映出学生在课程上的互动交流比较充分。

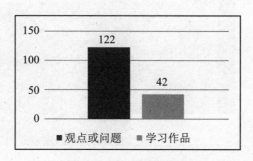

图 3-18　程序性知识创生量

第二，能根据实际情况灵活创新运用句型。

对知识协同生成互动工具平台上留下的数据进行分析，"互动"区域学生的观点或问题大概集中在两个方面：一方面是运用相关句型描述对国家及相关景点的感受，另一方面是运用相关句型去讲述到国外后哪些可以做、哪些不可以做。"互动"区域部分讨论情况如图 3-19 所示。而学习作品是制作一个心愿卡，心愿卡上的内容是学生综合运用句型表达自己想去某国家或国外某景点旅行的愿望。部分学生创作的旅行心愿卡如图 3-20 所示。通过进一步分析发现，学生都能根据具体的实际情况灵活创新地运用句型表达感受、想法或计划，这表明学生的程序性知识生成效果较好。

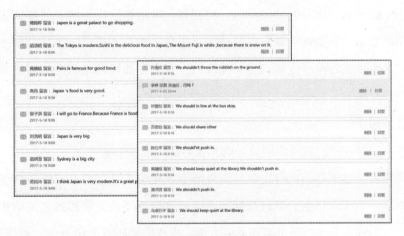

图 3-19 部分学生句型运用情况

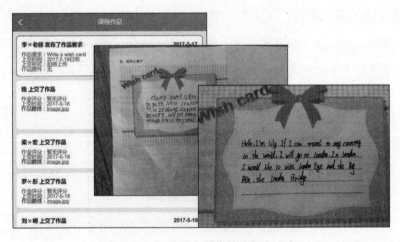

图 3-20 部分学生创作的旅行心愿卡

3. 元认知知识生成应用个案

①应用概述

元认知知识是指关于认知的知识，也指个人对自身的意识和知识，如知道自己的短处、知识水平等。因此，在具体的教学应用中，应侧重于学生对自我认知、自我反思性知识的生成。我们选取 T 小学北校区二(2)班的课外阅读书《向着明亮那方》进行元认知知识生成教学应用。《向着明亮那方》被誉为真趣美如天籁的童谣经典,其作者是日本作家金子美铃。《向着明亮那方》精选了金子美铃童诗 187 首,诗集清新自然、短小隽永,流露了融融温情,读来意趣盎然。金子美铃善于观察人与自然界令人感动的图像和声音,以细腻纯真的语言传递生命的乐章,给人以梦的视野和心灵的顿悟,同时也启发孩子们在阅读过程中要学会阅读、学会发现、学会反思。因而该课的生成目标如下:

第一,感受金子美玲传达的自然界令人感动的图像和声音及细腻纯真的语言。

第二,在阅读过程中学会阅读、学会发现、学会反思(元认知知识)。

在教学实践中,我们发现,学生们生成出来的元认知知识主要体现为两种:"元认知"观点或问题(如对自我的评价及阅读反思)及"元认知"学习作品(如蕴含学生对阅读作品的理解与阅读自我反思的阅读作品)。

②应用设计

从该课的生成目标可以看出,在阅读过程中,教师应侧重引导学生的元认知知识生成。根据生成目标,结合知识协同生成互动工具的功能作用,该课教学过程如图 3-21 所示。

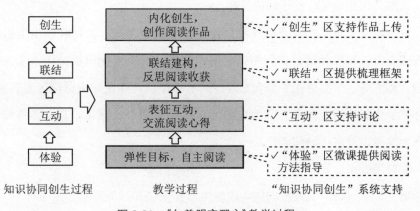

图 3-21 《向着明亮那方》教学过程

第一,弹性目标,自主阅读。

教师通过上传"阅读向导"微视频,给定学生弹性目标,以项目形式布置阅读书目,鼓励纸质阅读、电子阅读等多样阅读方式,阅读时间为一周,并提示学生在阅读过程中注意批注和笔记等,有阅读疑问、心得与想法等生成及时在

"互动"模块发表。学生观看"阅读向导",并开始为期一周的阅读。该环节学生能在阅读过程中初步生成一些事实性知识、概念性知识等,如对诗歌里面表达意象的认识与理解。

第二,表征互动,交流阅读心得。

一个星期后,学生阅读完毕。在阅读过程中,学生在平台上留下阅读疑问与阅读收获。教师组织学生在小组内及小组间进行线下和线上交流,一是相互解决阅读中产生的疑问,二是交流阅读的体会与收获。该环节是元认知知识生成的重要环节,学生通过互动交流表达自己在阅读过程中的收获与疑问,并在交流过程中学习其他同学的阅读收获,开始反思自己的阅读方法与技巧等。元认知知识表征的可视化状态为文字或语言形态的观点或问题。

第三,联结建构,反思阅读收获。

交流讨论结束后,学生进行整理归纳,教师提供整理归纳的工具(如在线笔记)与建议,学生根据自己的情况梳理建构在整个阅读和讨论过程中收获的知识。该环节也是元认知知识生成的重要环节,学生在阅读及互动交流的基础上整理自己的阅读收获,反思金子美铃描述的世界、反思自己是否对世界持有一颗好奇的心等。元认知知识表征的可视化状态为文字或语言形态的观点或问题。

第四,内化创生,创作阅读作品。

该阶段学生将阅读收获以作品创作的方式进行表达,教师鼓励学生创新创作方式,家长和教师适时提供帮助。创作方式可以是诗歌原创、诗朗诵、创意视频、相声等,学生可在平台查看其他同学的作品,并在交流讨论区发表意见。该环节学生能将前面几个环节生成的元认知知识进一步深化,其表征的可视化状态为观点以及多样的阅读作品。

③应用效果

第一,"元认知"观点或问题生成较为丰富。

经过一轮阅读,知识协同生成互动工具平台上留下了学生们较多的数据,主要是文字形态表征的元认知知识,分为观点或问题及学习作品两大类。生成的量如图 3-22 所示。可以看出,课堂教学结束后,知识协同生成互动工具平台共留下学生的观点或问题 90 条、学生的阅读作品 15 个。这些观点或问题以及阅读作品中的内容很多都是关于阅读方式方法的反思、对别人的评价以及阅读过程中的自我启发。从数量上来看，学生在课堂上生成的观点或问题较为丰富，反映出学生在阅读过程中有较多的"元认知"观点或问题。

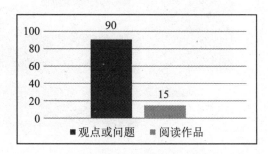

图 3-22 元认知知识创生量

第二，学生反思较为深刻，作品创新性较好。

对知识协同生成互动工具平台上留下的数据进行分析，"互动"区域学生的观点或问题比较有深度。一方面，学生表达了自己对书本内容的理解；另一方面，很多学生对其他同学的作品进行了评价，也对自己的作品进行了评价与反思，表明这个过程学生的元认知知识生成情况较好。"互动"区域部分讨论情况如图 3-23 所示。而阅读作品则由学生们根据阅读情况自由发挥，部分学生创作的阅读作品如图 3-24 所示。分析发现，学生们的阅读作品创新性较好，多以小组为单位；有的学生受金子美铃启发，自创自编、自己朗诵了诗歌；有的学生还联合家长一起创作、一起表演。每个作品都各具特色，也都反映了学生在阅读完《向着明亮那方》之后的收获与自我反思，表明学生较好地实现了元认知知识的生成。

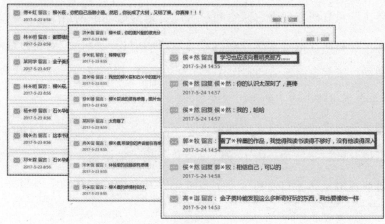

图 3-23 部分学生讨论情况

图 3-24　部分学生创作的阅读作品

从以上的量化分析以及质性分析可以看出，学生在知识协同生成互动工具的支持下能较好地生成"概念性""程序性""元认知"观点或问题及学习作品，表明知识协同生成互动工具能较好地支持智慧课堂中知识的协同生成。

二、 基于网络学习空间的生成环境①

(一)基于网络学习空间的生成环境构建

我们选用的网络学习空间是一个基于 Linux＋Nginx＋MySQL＋PHP 技术架构的网络学习空间，其界面如图 3-25 所示。在导航栏中有"资源中心""研究所""冒泡""活动""话题""学习小组""帮助中心"七个模块。其中，"资源中心"主要针对研究方法呈现课程学习的基础资源、拓展资源和生成资源；"研究所"主要为学习者头脑风暴研究提供选题空间；"冒泡"是开放性的网络学习广场，所有学习者都可以对课程内容和课外内容进行发声和讨论；"活动"呈现的是该课程的线下活动、线上自组织活动和课外学术交流活动；"话题""学习小组""帮助中心"为学习者提供线上线下的协作交流空间。

该网络学习空间具备自适应的阅读界面，可以供学习者使用不同的设备浏览并优雅地开展学习活动。由于微信对公众号接入的限制，该网络学习空间暂时没有打通微信公众平台，无法为学习者提供基于微信的移动学习服务。但移

---

① 邱艺：《基于网络学习空间的效用性知识生成过程研究》，硕士学位论文，上海，华南师范大学，2019。

动版界面适合移动学习，具备较好的阅读与交互体验。

　　该网络学习空间具备积分交易驱动下的资源交易应用功能。学习者可以对自己的生成资源设置积分售价，通过交易驱动优质资源的供给，为资源和服务供给侧改革提供可供参考的解决思路。

　　该网络学习空间的功能界面如图 3-25 至图 3-30 所示。

图 3-25　Method 网络学习空间界面图

图 3-26　Method 网络学习空间"研究所"模块 1

图 3-27　Method 网络学习空间"冒泡"模块 1

图 3-28　Method 网络学习空间"学习小组"模块 1

图 3-29　Method 网络学习空间"个人空间"模块

图 3-30　Method 网络学习空间"积分交易"模块 1

(二)网络学习空间对知识生成过程的支持与推动

在混合学习场景下，网络学习空间作为连接线上线下的重要纽带，能够为学习者提供丰富的学习资源，帮助学习者在线上明确自身需求、筛选合适的资源，在线下利用工具进行协作知识建构、产生新的知识，同时提供物化产出迁移应用的展示空间，实现知识的激活。此外，积分驱动和数据驱动是网络学习空间对知识生成产生推动作用的动力来源。

1. 网络学习空间支持知识习得，提供资源共享空间

Method 网络学习空间中设置了"资源中心"模块，其中包括与教育技术学研究方法相关的资讯、知识和案例，如图 3-31 所示。该模块可为各位学习者筛选学习资源、发布学习资源和利用学习资源提供主要的渠道，从而支持线上知识习得。

图 3-31　Method 网络学习空间"资源中心"模块

2. 网络学习空间支持知识建构，提供协作建构空间

Method 网络学习空间中设置了"学习小组"模块，其中包括任务中心、协作互动、成果展示和闲谈灌水，如图 3-32 所示。该模块可为各位学习者提供知识建构与协作互动的渠道，从而支持学习者及小组的知识建构。

图 3-32　Method 网络学习空间"学习小组"模块 2

3. 网络学习空间支持知识激活，提供产出迁移空间

Method 网络学习空间中设置了"研究所"和"冒泡"模块，如图 3-33、图 3-34 所示。这两个模块可为学习者实现知识生成提供产出迁移空间。

图 3-33　Method 网络学习空间"研究所"模块 2

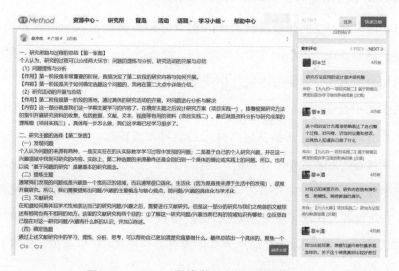

图 3-34　Method 网络学习空间"冒泡"模块 2

4. 利用积分交易机制推动知识生成过程

Method 网络学习空间中设置了积分交易机制，如图 3-35 所示。该机制能够在协作建构的过程中驱动学习者的知识生成，以市场资源配置的机制充分促进资源的有效利用、知识的有效建构和知识的有效生成。

图 3-35　**Method 网络学习空间"积分交易"模块 2**

(三)基于网络学习空间的生成教学实践

基于网络学习空间开展混合教学和混合学习，从而实现学习者知识生成，是当下开展生成课堂教学的主要形态之一。混合学习的出现和发展缘于数字化学习的困难与瓶颈，多年推进信息化课堂让混合学习的理念逐步衍生出混合教学。当下关于混合学习的研究主要包括理论探索、资源建设、模式构建与学科实践等几方面，如李逢庆结合信息时代的学习方式转变，融合掌握学习、首要教学、深度学习和主动学习等理论，构建了混合教学的理论基础；[①] 刘艳琼面向教育技术学导论课程，设计开发了混合式学习平台及相关资源并开展混合教学实践；[②] 蒋翀等人构建了基于 MOOC 的混合教学模式，并开展实践应用；[③] 马红亮等人构建了基于 MOOC 的中外合作混合教学模式；[④] 罗冬梅基于混合学习

---

①　李逢庆：《混合式教学的理论基础与教学设计》，载《现代教育技术》，2016(9)。

②　刘艳琼：《教育技术学导论课程混合式学习平台及其资源的设计与开发》，硕士学位论文，武汉，华中师范大学，2012。

③　蒋翀、费洪晓：《基于 MOOC 的混合教学模式设计与应用研究》，载《高等理科教育》，2015(3)。

④　马红亮、袁莉、白雪梅等：《基于 MOOC 的中外合作混合教学实践创新》，载《开放教育研究》，2016(5)。

的特点，结合网络教育应用课程开展教学实践；[①] 钟维基于 TPACK 框架，使用高级英语课程开展混合教学实践；[②] 王鹤等人面向一线教学，基于云课堂构建了"课前云课自学—课中当面探究—课后适应巩固"的混合教学模式。[③]

综合现有研究，我们可以发现关于混合教学的研究已经较为全面，且研究进程跨度较大，在理论探索、资源与平台建设、模式构建与教学实践等方面全面铺开。但现有研究多探讨如何融入混合学习理念进行混合教学、如何利用资源平台进行混合学习，较少从知识生成的视角关注如何在混合学习中促进学生的知识生成，尤其是效用性知识生成。基于此，我们融入互联网思维，梳理出面向混合学习的网络学习空间效用性知识生成过程，并依托上文所述 Method 网络学习空间开展实践研究。

1. 线上：人机协作知识习得，明确需求，筛选资源

知识习得是效用性知识生成过程的起点。数据与资源的流动为线上知识习得提供技术驱动力，其基本过程如图 3-36 所示。

图 3-36　面向混合学习的网络学习空间效用性知识线上习得过程

① 罗冬梅：《混合学习模式下的教学过程设计与实施——以〈网络教育应用〉课程为例》，载《现代教育技术》，2010(10)。
② 钟维：《TPACK 框架下〈高级英语〉课程微群与课堂混合教学的行动研究》，载《外语电化教学》，2014(5)。
③ 王鹤、杨倬：《基于云课堂的混合式教学模式设计——以华师云课堂为例》，载《中国电化教育》，2017(4)。

从图 3-36 中可以看出，数据流与资源流是线上教学的两种重要物质。学生在网络学习空间中筛选资源，运用工具和应用开展个性化自学，产生的行为数据汇聚至网络学习空间中。通过网络学习空间的模式匹配和精准分析，将学生的行为数据转化为学情数据并可视化给教师。教师根据学情数据，发布资源给网络学习空间。网络学习空间和教师协作，将资源个性化地推送给学生。在这个过程中，教师和学生之间看似没有直接的数据和资源往来，但通过网络学习空间，教师将干预数据作用于学生，而学生将生成资源反馈给教师。内圈数据流驱动外圈资源流，实现人机协作知识习得。

2. 线下：人机协作知识建构，协作建构，物化产出

知识建构是混合学习线下部分的重要表现形式之一。数据与资源的流动为线下知识建构提供技术驱动力，其基本过程如图 3-37 所示。

图 3-37　面向混合学习的网络学习空间效用性知识线下建构过程

从图 3-37 中可以看出，数据流与资源流同样是线下教学的两种重要物质。学生在线下教学活动中产生了学习行为数据，网络学习空间对这些数据进行收集汇聚、模式匹配和精准分析，并将处理好的知识建构过程数据可视化推送给教师。教师通过动态分析过程数据，将选题方法等工具资源发布至网络学习空间中。网络学习空间和教师协作，将工具资源推送给学生。学生接收到网络学习空间推送的工具资源后，根据自己的知识建构目标筛选合适的工具资源，开

展协作知识建构。在这个过程中，教师和学生之间看似没有直接的数据交换，但通过网络学习空间实现了干预数据和生成资源的交换。内圈数据流驱动外圈资源流，实现人机协作知识建构。

3. 混合：人机协作知识生成，评价测距，建立映射

评价测距和建立映射是效用性知识生成的重要环节。通过评价测距可以发现效用性知识生成的结果是否满足主体需求，若满足需求，则建立生成知识与需求之间的映射关系；若不满足需求，则再次进行效用性知识生成。混合学习中，评价测距和建立映射既可以在线上学习结束后进行，也可以在线下学习结束后进行。其基本过程如图 3-38 所示。

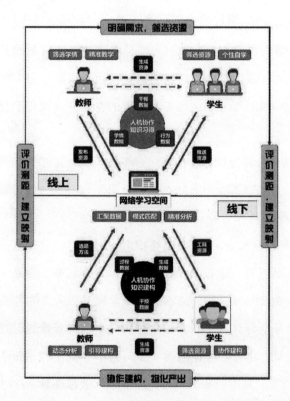

图 3-38 面向混合学习的网络学习空间效用性知识生成过程

从图 3-38 中可以看出，该过程将效用性知识生成过程与混合学习相结合。网络学习空间的加入为效用性知识生成过程提供了技术依托工具和平台，同时融合了技术支持下的效用性知识生成。要生成效用性知识，就需要主体有需求且客体有功能。线上人机协作知识习得能够让学生和网络学习空间协作，明确

自己的学习目标，筛选适合自己的学习资源。建构是效用性知识产生的重要过程，线下人机协作知识建构能够让教师、学生和网络学习空间协作，实时呈现建构路径，动态分析学生知识建构过程，促进教师引导学生掌握方法。激活是效用性知识产生的主要环节，这里的网络学习空间可以动态实时提供数据报表、干预建议，引导教师和学生自评和互评，并将研究的成果拓展深化，融入现实生活中来，从而实现人机协作的知识激活，建立生成知识与主体需求的映射关系，实现效用性知识生成。

三、 基于在线开放课程的生成环境①

(一)基于在线开放课程的生成环境构建

基于在线开放课程的生成环境，主要是将优质教育资源的共享与协作知识建构相结合，融入互联网思维，打造集资源、社群和服务为一体的虚拟学习空间。中国大学 MOOC、学堂在线等不断涌现的在线开放课程平台均为此类生成性教学环境。

MOOC 的英文全称为 Massive Open Online Courses，在线开放课程是其中文翻译的一种。MOOC 以其学习方式在线、学习平台开放、学习资源优质、学习互动多样、学习评价多维等特点，自 2013 年起风靡全球。2018 年，教育部发布的《网络学习空间建设与应用指南》明确指出，网络学习空间是由教育主管部门或学校认定的，融资源、服务、数据为一体，支持共享、交互、创新的实名制网络学习场所。随着"互联网＋"的不断纵深发展和以人工智能为代表的新兴技术融入，网络学习空间具备了数据收集分析、个性资源推送、智慧学伴辅导等特征，这就使资源、服务和数据融为一体，共享、交互和创新不断实施。近年以来，MOOC 的资源和平台不断迭代，逐步融入数据驱动的个性化学习、数据支持的学习支持服务和区块链等分布式网络驱动的学习认证等新特征，实现资源、服务和数据融合，有效支持共享、交互和创新。

为了开展行动研究、验证知识生成过程的有效性，我们研发了中国大

---

① 邱艺：《基于网络学习空间的效用性知识生成过程研究》，硕士学位论文，广州，华南师范大学，2019。

学 MOOC"教学设计原理与方法"课程，如图 3-39 所示。

图 3-39 中国大学 MOOC"教学设计原理与方法"课程

该课程是教育技术专业三门最核心的主干课程之一，也是教师教育的必修课程。该课程可供小教、中教和职教的学生，从事基础教育、职业教育和高等教育领域的在职教师，以及企业培训相关人员更新教育教学理念、掌握教学设计能力、提升信息化教学水平。

该课程根据"互联网＋"时代人才培养需求与教学设计理论发展现状，重构课程内容体系。课程内容包括"什么是教学设计""如何进行前端分析""智慧学习环境设计""数字教学资源设计""智慧课堂设计""智慧学习评价设计""教学设计创新与发展"，既涵盖了教学设计领域的基本原理与主要方法，又体现了教学设计理论的前沿动态与发展趋势。

该课程具有积淀深厚、理念创新、资源丰富、特色鲜明等特点。学习者通过该课程的学习，能够理解教学设计的基本概念和基本原理，了解当前国内外信息化教学与教学设计的研究热点及发展趋势；借助各种设计模式和操作表格，联系实际，开展实践，掌握教学设计的综合运用能力和实践操作能力；转变教学理念，应用信息技术对课堂教学流程和结构进行重组与再造，探索新型教学模式。

(二)在线开放课程对知识生成过程的支持与推动

在线开放课程对知识生成过程的支持主要通过学习支持服务体现。学习支

在线学习中，效用性知识生成的过程和学习支持服务相互匹配、共同促进，在网络学习空间的支持下实施。

观察效用性知识生成的过程可知，在线学习中的效用性知识生成一般需要经历三个阶段：首先，学习者对在线学习资源进行主动学习，与课程原生资源充分交互，以实现效用性知识的习得，为效用性知识建构铺路；其次，学习者与其他学习者和课程团队成员于在线学习平台中交互、协作互助，以实现新旧知识的联结，重组自身已有知识结构，物化学习产出，达成资源生成；最后，学习者将所学习到的效用性知识迁移应用于真实问题解决过程中，从而形成实践经验，再将实践经验可视化为感悟反思，从而为下一次的资源生成提供再生资源。

由此可见，学习者与原生资源的有效交互是在线学习资源生成的条件，从而实现效用性知识的习得；学习者之间的协作知识建构是在线学习资源生成的关键，从而实现效用性知识的建构；学习者迁移应用后的可视化反思是维持和促进在线学习资源生成的物质再生来源，从而实现效用性知识的激活。

机制是指各要素的功能、运作方式及其相互关系。在线学习中效用性知识生成的机制深刻揭示了在线学习中效用性知识生成的内在机理与外在形式，具体如图 3-42 所示。

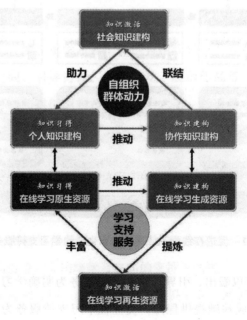

图 3-42　在线学习中效用性知识生成的机制

在线学习中效用性知识生成的机制由资源生成的内涵机理和资源转化的外显循环两部分组成，二者相辅相成、有机融合，构成了推动在线学习中效用性知识生成的原动力。资源生成的内涵机理部分生动形象地诠释了在线学习中效用性知识动态生成一般需要经历的三个阶段：个人知识建构的知识习得、协作知识建构的知识建构和社会知识建构的知识激活。其中，个人知识建构推动协作知识建构开展，协作知识建构通过与外部社会知识联结重组实现社会知识建构，社会知识建构的产物又能助力下一次个人知识建构。在整个效用性知识资源生成的内涵机理部分，群体动力能够有效激发知识生成，自组织能够有效维持知识生成过程。在资源转化的外显循环部分，学习支持服务为在线学习原生资源、生成资源和再生资源的转化提供有效支撑。原生资源中的视频、文本、讨论等能够推动生成资源的发展。在线学习中效用性知识的内容可以表现为问题质疑、创新想法、作品成果、反思感悟等形式，这些内容能够被有效提炼成再生资源。同时，再生资源又能够进一步丰富原生资源的内容。以此构成闭环回路，从而保证在线学习资源生成的持续优化与不断发展。整个资源的生成机制由内外闭环双动力驱动，有力保障生成过程持续健康发展。

【本章小结】

本章从学科知识体系重塑、个性学习资源推送、探究学习活动开展、虚拟仿真活动实施、生成知识的可视化五个方面概述智能技术如何赋能知识生成。同时，以教学互动工具、网络学习空间和在线开放课程为依托构建三种不同的生成课堂支持环境，从而为构建智慧的生成课堂教学环境提供新思路和新方法。要点如下。

1. 智能技术赋能知识生成

智能技术赋能知识生成主要包括：①支持学科知识体系重塑；②支持个性学习资源推送；③支持探究学习活动开展；④支持虚拟仿真活动实施；⑤支持生成知识的可视化。

2. 生成课堂的智能环境构建

生成课堂的智能环境构建主要包括：①基于教学互动工具的生成环境；②基于网络学习空间的生成环境；③基于在线开放课程的生成环境。

第四章
生成课堂的教学设计与典型模式

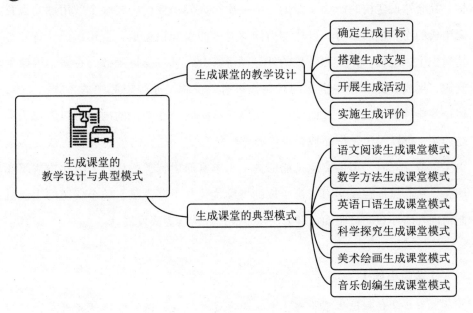

→ 内容结构

生成课堂的教学设计与典型模式

生成课堂的教学设计
- 确定生成目标
- 搭建生成支架
- 开展生成活动
- 实施生成评价

生成课堂的典型模式
- 语文阅读生成课堂模式
- 数学方法生成课堂模式
- 英语口语生成课堂模式
- 科学探究生成课堂模式
- 美术绘画生成课堂模式
- 音乐创编生成课堂模式

　　生成课堂是以生成性教学理念为指导，在弹性预设的基础上，师生充分交互，动态调整教学目标、内容、行为与活动，共同构建并生成新的信息和资源，从而达成预设目标和产生附加价值的新型课堂。构建融合信息技术的生成课堂，就需要以生成性教学基本理论为指导，依托课堂变革的理论重构教学设计、创新教学模式。教学设计是指应用系统方法分析、研究教学的问题和需求，确定解决它们的教学策略、教学方法和教学步骤，并对教学结果作出评价的一种计划过程与操作程序。① 而教学模式是指在一定的教育思想、教学理论和学习理念指导下，在一定的教学环境和资源的支持下，教与学活动中各要素之间的稳定

---

① 谢幼如：《教学设计原理与方法》，3～4 页，北京，高等教育出版社，2016。

关系和活动进程的结构形式。① 可以看出，掌握生成课堂的教学设计、创新运用生成课堂的典型模式是有效落地生成课堂教学的重要途径之一。

教学设计是教学理论与教学实践的桥梁。对生成课堂进行教学设计，就需要基于课堂教学价值导向、解决课堂教学的现实问题，在生成性教学理论的指导下，融合互联网思维，确定生成目标、搭建生成支架、开展生成活动、实施生成评价，从而有效落地生成课堂教学。

一、 确定生成目标

生成目标即生成课堂的教学目标。一般来说，教学目标是预先确定的、通过教学可以达到的并且能够利用现有技术手段测量的学习结果或标准。生成课堂是以生成性教学理念为指导，在弹性化预设的基础上，师生充分交互，动态调整教学目标、内容、行为与活动，共同建构并生成新的信息和资源，从而达成预设目标和产生附加价值的新型课堂。生成目标既要包括预先确定的教学目标，也要包括动态化调整和多元化延伸的教学目标。

(一)生成目标设计依据

教学目标是指对学习者通过教学后应该表现出来的可见行为的具体明确的表述，教学目标的设计通常包括"分析教学内容""分解教学目标层次""表述教学目标"三个基本步骤。对于生成课堂而言，其目标的设计应以落实立德树人根本任务、满足创新人才培养需求和支撑生成课堂教学实施为依据。

1. 落实立德树人根本任务

"培养什么人，是教育的首要问题。"在全国教育大会上，习近平总书记指出："我国是中国共产党领导的社会主义国家，这就决定了我们的教育必须把培养社会主义建设者和接班人作为根本任务，培养一代又一代拥护中国共产党领

---

① 李克东：《新编现代教育技术基础》，340 页，上海，华东师范大学出版社，2002。

导和我国社会主义制度、立志为中国特色社会主义奋斗终身的有用人才。这是教育工作的根本任务，也是教育现代化的方向目标。"①生成目标应充分体现思政元素融入，依托课堂这一主渠道培养学生正确的价值观、人生观、世界观，引导学生在生成知识的过程中体会知识的育人价值，为落实立德树人根本任务提供有效支撑。

2. 满足创新人才培养需求

长久以来，对教育工作者来说，发现和培养创新人才是职责所系。当中国特色社会主义进入新时代，培养时代需要的创新人才，以教育创新与新时代同频共振，每一位教育工作者更是使命在肩、任务艰巨。② 当前，我们在培养学生的自主能力、动手能力、问题意识等方面还存在一定欠缺，但在基础知识的掌握与数理、逻辑推理能力的训练等方面有着优良的传统和明显的优势。生成课堂注重培养学生的问题解决能力和创新能力，这些能力的培养应在基础知识掌握扎实的前提下不断拓展延伸。这就需要我们根据创新人才培养需求弹性预设生成目标，引导学生不断生成新的知识和方法等，从而培育全面发展的新时代创新人才。

3. 支撑生成课堂教学实施

教学目标具有导向、激励和调控三大主要功能。一方面，教学目标为教学活动的设计提供依据。教师根据教学目标设计教学活动，规定教学活动程序与组织形式，并实施教学。另一方面，教学目标为教学评价提供标准。由此可以看出，教学目标对课堂教学实施具有重要意义。生成目标应能够激发学习者的认知内驱力、自我提高内驱力和附属内驱力，帮助教师与学生调整、修正教学过程与活动，并能通过相关技术工具进行测量，借此评定、衡量学习者的知识水平、技能/能力、情感态度等状况和相关附加价值，从而有效支撑生成课堂教学实施。

(二)生成目标设计原则

钟启泉教授曾说，"课堂教学不应该是一个封闭系统，也不应拘泥于预先设

---

① 习近平：《坚持中国特色社会主义教育发展道路　培养德智体美劳全面发展的社会主义建设者和接班人》，载《人民日报》，2018-09-11。

② 刘彭芝：《为新时代培养更多创新人才》，载《人民日报》，2018-02-01。

定的固定不变的程式"，"鼓励师生互动中的即兴创造，超越目标预定的要求"。可以看出，课堂教学目标的设计不应完全预设固定，而应弹性化预设、动态化调整和多元化延伸。

1. 弹性化预设生成目标

弹性化预设是生成性教学的基础，是实现课堂教学生成的前提条件。预设的教学目标是指教师根据国家课程标准、教材、教学大纲所确定的课堂教学需要达到的目标，具有较强的目的性。而弹性化的教学目标与预设的教学目标保持一定的弹性区间，在预设的教学目标的一定范围内留有可以即时调整的空间。弹性化的教学目标应该灵活、简略，能够开放地接受课堂中发生的意外事件，生成超出课前预设的教学目标。弹性化预设生成目标不仅包括知识与技能、过程与方法和情感态度价值观，而且应注重能力、素养和相关隐性目标的达成。

2. 动态化调整生成目标

生成课堂将教学目标看作一个过程而不是终点，是师生共同参与、积极对话与互动的动态过程。它强调教师、学生和教学情境的交互作用，并根据交互状态的变化动态调整教学目标。教师应在弹性化预设生成目标的基础上，根据教学过程中涌现出的生成点动态化调整生成目标，以实现课堂教学效果最大化。

3. 多元化延伸生成目标

多元化是生成目标的重要特征之一。生成性教学的目标设计虽然离不开对生成的关注，但是也不能排斥普遍性目标对学生整体素质的提升作用以及行为性目标对学生基本能力的培养作用。教学目标的普遍性和行为性不是僵化的、固定的，只是教学的起点，需要教师以总的教育目标为依据，并结合自身的教学经验以及学生的发展特征来制定。而生成目标更多的是根据教学活动或任务的需要建立的，其设计以行为性目标为基础。学生通过行为性目标促成系统的知识积累，才能达到更高层次的目标。通过多元化延伸生成目标，将有利于教师促进学生高级思维能力发展、提升学生整体素质。

二、 搭建生成支架

教学支架是模仿建筑支架提出的一种支撑教学活动的概念，比喻在教学活动中，教师为了达到教学目的，在课堂上采取的促进学生认知发展或进步的各种手段或方式。[①] 在策略选择、问题思考、行为判断、效率提高以及如何使用工具等方面，它可以给予学生适当的帮助。[②]

(一)生成支架基本内涵

生成支架是生成课堂中教师所运用的教学支架，是指在生成教学活动中，为了使学生解决问题或完成任务，教师需要根据课堂动态生成及时调整预设，给学生学习提供帮助和支持。在师生持续动态互动的生成教学过程中，教师可以对自己提供的教学支架进行调整，学生也可以对原有教学支架进行修订、补充或提供新的教学支架。在师生的共同参与中，促进内容、技能、活动、思维等的生成。

(二)生成支架设计原则

很多学者认为，构建有效的支架设计方法和准则能够促进教学质量提升。卡里(Kali)和林恩(Linn)提出以支持自主探究为宗旨的"支架设计四准则"，包括应设法使科学内容(尤其是复杂、抽象概念)易于理解，应使思维可视化，要让学生互相帮助、互相学习，要用多种方式促进自主学习。[③] 刘宁等人认为生成性学习支架的形成应依据学生认知水平、知识结构、最近发展区，同时在实践中提出了动画支架、问题支架、建议支架、示范支架等生成支架类型，以激活学生已有经验并向学生示范问题解决过程。[④] 因此，生成支架的设计应基于课堂教

---

① 赵晨：《高中英语课堂教学支架运用的调查研究》，硕士学位论文，华东师范大学，2014。

② 何克抗：《教学支架的含义、类型、设计及其在教学中的应用——美国〈教育传播与技术研究手册(第四版)〉让我们深受启发的亮点之一》，载《中国电化教育》，2017(4)。

③ Kali，Y. and Linn，M. C. (2008)，"Technology-enhanced Support Strategies for Inquiry Learning"，in Spector，J. M. ，Merrill，M. D. ，van Merriënboer，J. J. G. and Driscoll，M. P. *Handbook of Research on Educational Communications and Technology*，New York，Lawrence Erlbaum，pp. 145-161.

④ 刘宁、王铟：《生成性学习支架设计与实施》，载《中小学信息技术教育》，2017(3)。

学生成目标、体现教学内容难度层级，并彰显师生多元交流互动。

1. 基于课堂教学生成目标

学生学情与课堂生成目标决定了生成支架的设计。在生成课堂中，教师要对学生已有的知识经验和认知结构有详细的了解，动态调整教学目标。教师应遵循核心价值观的指引，基于生成目标、结合教学内容的特征进行生成支架的选择和建构，并能够促进学生使新的信息与原有认知发生连接。

2. 体现教学内容难度层级

生成支架的设计要遵循学生的身心发展规律，体现难度层级，在与学生现有认知水平相匹配的基础上，帮助学生认知水平呈螺旋式上升发展。教学支架不能板结、僵硬，不能没有弹性、张力、伸缩度，要能承载师生在鲜活灵动的课堂教学过程中不断生成的各种特殊、多样的个体反应、奇思妙想与创意。① 此外，生成支架要具有较高包容度，其搭建不能低于学生的学习水平和能力，也不宜过分拔高。支架搭建过易，会影响生成目标的达成；支架搭建过于复杂，学生就会失去方向。因此，生成支架应在学生的认知水平范围内尽可能发散学生的思维空间。

3. 彰显师生多元交流互动

设计生成支架旨在将原本复杂的问题分解，以学生学习为中心，通过情境、协作、会话等帮助学生进行意义建构，最终达成生成目标。各生成主体在交流互动中能够形成学习共同体，从而产出生成作品。因此，生成支架的设计应彰显教师和学生之间的交流互动，为学生提供充足的时间和空间开展协作探究活动，从而达成生成目标。

三、 开展生成活动

(一)生成活动基本内涵

人类是在同周遭世界的交互作用以及活动之中形成和发展的。课堂教学中，

---

① 杨恺：《小学英语故事阅读教学支架设计的案例研究》，载《教育参考》，2020(3)。

学生的活动指向人类积累下来的"社会经验"的习得。在这里，"社会经验"就是利用并创造文化的社会实践活动的手段与方式，所谓习得意味着"社会经验"转换成学生的人格素质。① 在客观主义教学观看来，信息和应当掌握的一切知识存在于学习者的外部，所谓教学不过是帮助学生消化这些信息和知识而已。建构主义教学观认为，知识是学习者在同环境的交互中借助社会相互作用而共同建构的，否则就不可能有真正的知识，这就说明知识的生成需要通过活动推进。活动是承载知识生成交互要素结构及关系的表征形式之一，结合生成课堂的基本理论，本书认为，生成活动是指生成主体之间形成宽松、高效的学习共同体，依托新型技术工具与信息化环境充分交互，从而实现知识生成及达成附加价值的一系列过程的集合。

(二)生成课堂教学活动

生成课堂中，生成活动的主体不仅包括教师和学生，而且包括行业专家、技术先锋和知识、社交网络中的意见领袖等；生成活动的实施一方面需要信息化教学资源和工具的支持，另一方面也需要学习共同体中群体动力的有效推进。这就需要教师和学生以生成课堂价值导向与基本理论为指导、以生成过程为参照，围绕生成的激发、推进、维持和结果设计生成课堂教学活动。一般来说，生成课堂教学活动主要包括以下几种。

1. 多维创设生成情境

心理学认为，情境是对人有直接刺激作用、有一定的生物学意义和社会学意义的具体环境。② 对于生成课堂来说，多维创设生成情境有利于激发学生的生成兴趣及热情，从而更好地开展生成课堂教学。创设生成情境应多维度、多视角、多层次，紧密结合生活实际情况、源于生活真实问题，为生成课堂教学提供支持。

2. 动态推送资源工具

生成课堂需要种类丰富、形式多样的教学资源，为师生互动生成提供足够

---

① 钟启泉：《教学活动理论的考察》，载《教育研究》，2005(5)。
② 张新华：《关于在课堂多媒体网络环境下的情境创设》，载《电化教育研究》，2001(5)。

的信息或知识；同时需要智能化、仿真化、可视化和多样化的生成工具，为师生互动生成提供支持。教师可依据教学数据分析结果、根据课堂生成的进展程度，动态化面向学生推送资源工具；学生可根据学习仪表盘的相关数据，个性化选择适合自身实际情况的资源工具，从而丰富生成课堂体验、提升课堂生成效率。

3. 协作创造生成作品

生成作品是生成课堂中各生成主体、学习共同体的协作互动的重要成果，也是评价课堂生成效果的抓手之一。互动是生成的重要条件之一，协作创造彰显生成课堂的互动属性。通过生成课堂中各生成主体、学习共同体的协作互动，最终形成物化形式的作品，从而彰显知识被运用后的育人价值，达成生成课堂目标，生成课堂附加价值。

4. 多方展示交流分享

展示交流是应用教育心理学原理，针对学生的学习规律和心理特点，通过不同形式的学生展示来调动学生的学习内驱力，从而取得良好的学习效果。① 对于生成课堂而言，通过多方展示交流分享，学生能够进一步体悟生成价值、持续优化生成方法、客观评价生成产物、深入反思生成过程，并在展示交流分享的活动中深化课堂生成、彰显课堂生成效果。

5. 多元评价生成效果

评价不只是为了给予被评价主体价值性判断，更多地是为了促进被评价主体更好地改进优化。不仅应通过对生成产物进行评价得知生成效果，也应基于数据可视化对生成过程进行评价。在评价主体的构成上，不仅应包括专家、教师，也应包括生成主体或学习共同体本身，体现评价主体的多元性，从而充分发挥评价对生成课堂的诊断指导和反馈激励作用。

四、 实施生成评价

教学评价是指以教学目的为标准，通过科学的测评方法对教学过程与教学

————————
① 陈文斌：《学习型展示：小组合作学习的有效展示》，载《教育与教学研究》，2012(3)。

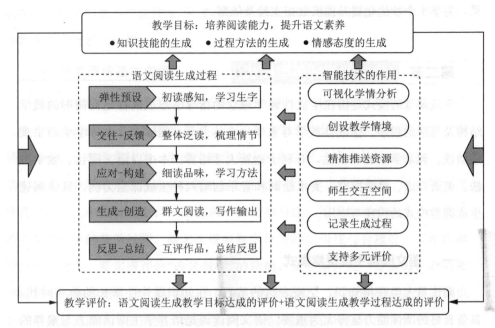

图 4-1　语文阅读生成课堂模式

1. 初读感知，学习生字

该环节在课前进行。教师根据学情设计生成教学目标、设计具有弹性的教学内容与教学流程，为学生的动态生成留出自由发挥的空间。学生活动主要为预习课文、了解文章主要内容、自学生字词。该环节为课中的生成学习起铺垫作用。

2. 整体泛读，梳理情节

在该环节中，教师关注学生在问题情境中的反应，及时给予反馈、积极开展互动，并借助智能教学平台捕捉生成资源。学生通过快速阅读把握全文，学习生词。该环节是对课中生成活动的奠基，实现知识与技能的生成目标。

3. 细读品味，学习方法

在该环节中，教师针对学生的学习困惑搭建脚手架，帮助学生合作探究，完成知识学习的意义建构。学生通过自主阅读和合作探究学习阅读方法，感悟文章情感。该环节是生成活动的进行时，能够达成知识生成、方法生成、情感生成的教学目标。

4. 群文阅读，写作输出

在该环节中，教师为学生提供群文阅读的数字资源，组织生成活动。学生在教师的引导下，运用所学知识和阅读方法进行个性化的阅读，并写作练笔，表达所思所想。该环节引导学生产出可视化的生成产物，促进学生情感生成。

5. 互评作品，总结反思

在该环节中，教师引导学生赏析他人作品，交流表达想法，总结课堂教学内容，升华情感。该环节起着深化生成的作用。

(二)语文阅读生成课堂模式的应用

语文阅读生成课堂注重教学过程中学生对阅读方法和相关知识的建构与生成，以提升学生的阅读能力。

案例 4-1：小学四年级语文课《为中华之崛起而读书》第一课时

该案例选自 L 小学四年级林老师的语文课《为中华之崛起而读书》，课文讲述了周恩来总理立志"为中华之崛起而读书"的故事。结合单元主题及文章所表达的家国情怀，该节课以生成性教学理念和立德树人理念为指导进行设计，其教学目标、教学重点难点和教学过程设计如下。

❖ **确定生成目标**

➢ *知识生成目标*

1. 认识生字，读准"崛"等 8 个生字，会写"肃""晰"等 13 个生字，会写"严肃""清晰"等 16 个词语。

2. 能归纳课文讲述的三件事，并连起来说清楚课文的主要内容。

3. 能通过阅读资料加深对周恩来的人物形象的理解。

➢ *方法生成目标*

1. 通过自主探究、合作研讨等方法梳理课文主要内容，学习把各部分内容连起来就是主要内容的方法。

2. 通过阅读资料了解当时的历史环境，树立起对周恩来的人物形象的认识，感悟周恩来立志"为中华之崛起而读书"的原因，激发爱国热情，增强民族自信与文化自信。

➤ 情感生成目标

了解"中华不振"的屈辱历史,感受周恩来等爱国人士在面对国破家亡时奋起抵抗的爱国主义精神,产生深刻的爱国主义情感。

❖ 确定教学重点难点

➤ 教学重点

1. 认识生字,读准"崛"等 8 个生字,会写"肃""晰"等 13 个生字,会写"严肃""清晰"等 16 个词语。

2. 学习概括课文内容的方法:通过关注主要人物和事件,先归纳课文各部分内容,然后连起来归纳全文内容。

➤ 教学难点

结合当时的历史环境,让学生通过阅读文本理解周恩来的人物形象,生成爱国主义情感,达成立德树人的教育目标。

❖ 设计教学过程

该节课主要包括"预习课文,收集资料""学情反馈,初识课文""通读全文,准备生成""探究方法,协作构建""运用方法,生成作品""归纳总结,升华情感""布置作业,查阅资料"七个环节。具体教学流程如图 4-2 所示。

1. 预习课文,收集资料

课前,教师发布预习任务单,引导学生通读全文,预习课文生字,在平板上完成任务单,并查找关于周恩来的资料,了解什么是"租界"。然后,教师针对课文开展弹性教学设计,预设生成内容。

2. 学情反馈,初识课文

教师借助智能环境数据分析功能了解学生预习情况,针对性讲解易错点,并让学生齐读课题、随文识字,认识"崛"字及其含义,完成词语练习。随后,教师利用多媒体播放历史视频导入新课,并设置问题情境:是什么事激发了周恩来"为中华之崛起而读书"的志向?

3. 通读全文,准备生成

学生通过泛读整体把握课文。教师多次提问、对话,引导学生认识生字词,梳理全文内容。

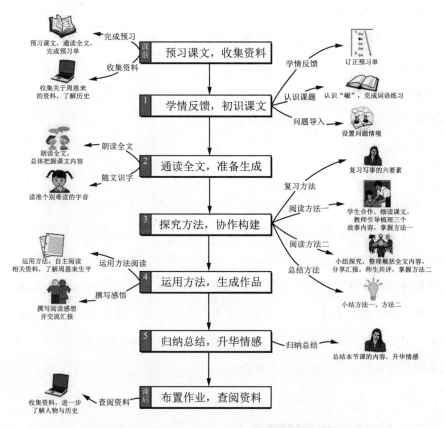

图 4-2 《为中华之崛起而读书》具体教学流程图

4. 探究方法，协作构建

首先，教师带领学生复习写事的六要素；其次，教师组织学生开展自主探究和合作探究活动，引导学生梳理故事顺序，概括课文所述的三件事的主要内容，并完成关键信息表格，掌握并生成阅读方法一——关注主要人物以了解事件；再次，教师组织小组分享汇报，共同点评，掌握并生成阅读方法二——把各事件通顺地串联起来以概括全文内容；最后，教师引导学生总结归纳阅读方法，实现阅读方法生成。

5. 运用方法，生成作品

教师借助资源精准推送功能为学生提供周恩来的故事等课外阅读资源，供学生自主选择。学生将阅读感想撰写成文，上传到网络空间互相交流，实现爱国主义情感生成。

6. 归纳总结，升华情感

师生共同对该节课内容进行小结，反思评价，为下节课作铺垫。

7. 布置作业，查阅资料

课后，教师布置作业，学生在智能环境的支持下查找有关历史资料，进一步理解周恩来的人物形象和精神。

❖ 开展教学评价

该节课中，教师依托智能教学平台诊断和分析学生识记生字情况，组织学生进行小组协作探究、汇报阅读方法，从而对语文阅读生成教学目标及过程进行多元评价。课前，教师利用智能教学平台发布预习任务单，以诊断学生课文预习情况。课中，教师首先引导学生完成词语练习、巩固生字，以检验学生知识掌握情况；然后组织学生以小组形式梳理故事内容并汇报分享，生成阅读方法；最后给学生推送资料，引导学生了解周恩来生平，并撰写阅读感想，升华情感。课后，教师在智能教学平台布置作业，让学生收集周恩来的历史资料，引导学生进一步了解人物和时代背景。

二、 数学方法生成课堂模式

数学课程能使学生掌握必备的基础知识和基本技能，培养学生的抽象思维和推理能力、创新意识和实践能力，促进学生在情感态度和价值观等方面的发展。数学思想和方法的理解与运用是数学教学的内核，对培养学生的数学学科核心素养具有重要意义。在数学方法课教学过程中，教师不仅要注重对数学方法和知识的讲解，而且要加强数学知识与生活实际的联系，重视培养学生运用相关数学思想和方法解决生活实际问题的能力。生成性教学强调要在实现基本教学目标的基础上创生附加价值。因此，将生成性教学理念融入数学方法课堂中能够改变传统的数学方法课堂形式，重构教学流程、创新教学策略，从而赋予数学方法教学更多的意义。

(一)数学方法生成课堂模式构建

我们在生成性教学理论的指导下，分析数学方法教学的特点，结合智能环境对数学方法生成课堂的支持作用，构建了数学方法生成课堂模式。具体如

图 4-3 所示。

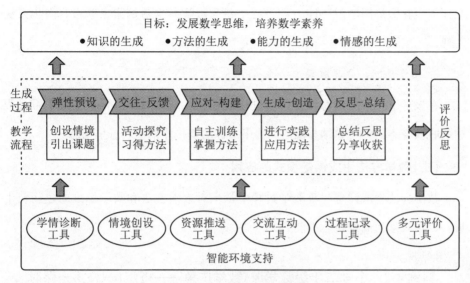

图 4-3 数学方法生成课堂模式

1. 创设情境，引出课题

在该环节中，教师利用多媒体技术或实物模型等情境创设工具创设与课题相关的问题情境，引导学生集中注意力、积极思考，激发学生学习兴趣，准备进入课程知识的学习。

2. 活动探究，习得方法

在该环节中，教师设计相关探究活动，并为学生提供学习资源与交流互动工具，引导学生通过自主学习了解自己在学习中的困难点和疑惑点，通过小组交流协作和聆听教师讲解来解决自主学习过程中遇到的问题，获取新知识和新方法。然后，教师根据学生的探究情况有针对性地讲解内容。

3. 自主训练，掌握方法

在该环节中，教师在对学科内容以及学生真实学习情况进行分析的基础上为学生设置个性化的分层训练任务，帮助学生巩固所学知识和方法，促进知识和方法生成。

4. 进行实践，应用方法

在该环节中，教师有意识地将学科知识与生活实际问题进行关联，设计实践创作任务或生活实际问题，要求学生利用所学知识完成任务或解决问题，从而让学生在锻炼问题解决能力的过程中感受数学与生活的紧密联系，内化方法生成。

5.总结反思，分享收获

在该环节中，教师对课堂内容进行梳理和总结，同时引导学生对学习过程中的收获与不足进行总结与反思，为下节课的安排作铺垫，升华情感。

(二)数学方法生成课堂模式的应用

数学方法生成课堂注重教学过程中学生对数学方法和数学思维的建构与生成，以提升学生的逻辑思维能力。

案例4-2：小学二年级数学课《数学广角——搭配(一)》第一课时

该案例选自 W 小学二年级卢老师的数学课《数学广角——搭配(一)》，主要教授简单事物排列与组合的内容。结合单元主题与目标，对标学科核心素养，该节课以生成性教学理念和个性化学习理念为指导进行设计，其教学目标、教学重点难点和教学过程设计如下。

❖ 确定生成目标

➤ 知识生成目标

通过观察、猜测、操作等活动，了解发现简单事物排列数的基本思想、基本方法。

➤ 方法生成目标

1.经历观察、猜想、自主合作探究等活动，理解事物排列的规律。

2.学习用固定十位法、固定个位法和交换位置法解决数学中的搭配问题，培养利用多种方法解决问题的思路。

➤ 情感生成目标

1.培养有顺序地、全面地思考问题的意识，感受排列的思想方法在日常生活中的应用。

2.培养学习数学的兴趣与利用数学解决生活实际问题的意识。

❖ **确定教学重点难点**

➢ **教学重点**

通过自主探究，掌握有序排列、巧妙搭配的方法，并用所学知识解决实际生活中的问题。

➢ **教学难点**

掌握数字排列不重复、不遗漏的方法，理解简单事物搭配中有序和无序的不同。

❖ **设计教学过程**

该节课主要包括"问题导入，引出课题""自主探究，掌握方法""自选任务，巩固方法""合作探究，拓展提升""趣味闯关，分层训练"和"总结反思，分享心得"六个环节。具体教学流程如图 4-4 所示。

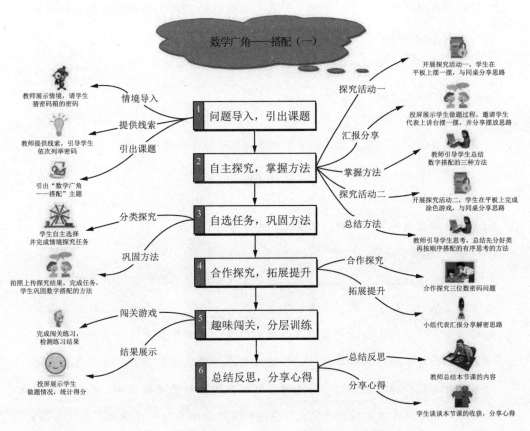

图 4-4 《数学广角——搭配(一)》具体教学流程图

1. 问题导入，引出课题

教师创设"猜密码箱密码"真实问题情境，并为学生提供密码线索、展示解密问题，引导学生利用列举的方法依次尝试解开密码，从而引出"搭配与排列"的主题。

2. 自主探究，掌握方法

教师向学生展示密码箱中的数字王国邀请函，提出请学生开展自主探究的活动以掌握搭配与排列的简单方法，并对学生的探究活动进行总结，归纳出数字搭配的主要方法，包括固定十位法、固定个位法和交换位置法。

3. 自选任务，巩固方法

教师让学生按照自己的兴趣和需求自主选择探究任务以巩固前面所学的三种数字搭配的主要方法，从而促进学生的知识和方法生成。

4. 合作探究，拓展提升

教师继续深化情境，引导学生开展小组合作探究以完成难度更高的解密任务，并要求小组代表汇报分享解密的思路和方法。小组合作探究结束后，再对探究的情况进行点评，以进一步促进学生的知识和方法生成。

5. 趣味闯关，分层训练

教师利用资源推送平台为学生推送闯关练习，对学生进行分层训练，同时将练习任务游戏化，激发学生的学习兴趣，促进学生的情感生成。

6. 总结反思，分享心得

教师总结该节课的主要内容，引导学生说说收获，分享自己的心得体会，从而深化学生对所学知识的内化吸收，并布置课后作业。

❖ 开展教学评价

该节课通过开展多个探究活动，引导学生掌握简单数排列的基本思想和基本方法，从而对数学知识、方法、能力和情感生成进行多元评价，以发展学生数学思维、培养学生数学素养。教师首先引导学生开展自主探究活动，掌握简单数排列的基本思想和基本方法；然后发布分层情境探究任务，学生自主选择情境开展小组合作探究，教师对小组合作探究汇报结果进行点评；随后推送闯关练习，让学生在规定时间内完成，通过投屏展示学生的做题情况，统计得分，以此来检验学生的方法掌握情况；最后总结课堂所学内容，并引导学生说说该节课的收获与心得，检验生成目标的达成情况。

三、 英语口语生成课堂模式

随着信息时代的到来，掌握一门世界通用语言对学生的全面发展和国际化视野的提升愈发重要，这对当下的英语教学提出了新的挑战。由于诸多因素的影响，我国学生学习英语的形势不容乐观，特别是学习英语口语的形势相当严峻。传统英语教学偏重于书本知识，教师习惯于套用旧的教学模式、侧重于做知识的传授者；教学基本以教师为中心，学生只是被动的知识接受者。这显然影响学生英语口语能力的提高，不利于学生英语思维能力的发展。

(一)英语口语生成课堂模式构建

心理语言学家莱维尔特(Levelt)认为，语言生成过程一般要经历四个主要环节：构思概念、组织语言、发出声音、自我监控。[①] 我们从莱维尔特口语生成过程理论的角度出发，结合文献分析和教学实践，构建了英语口语生成课堂模式，帮助学生解决口语难题。具体如图 4-5 所示。

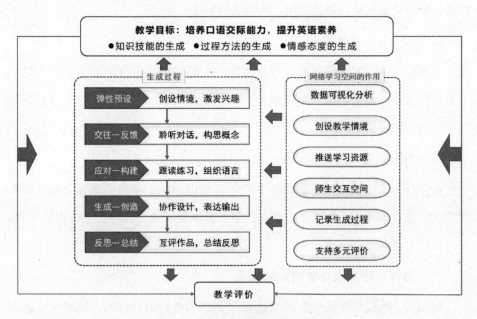

图 4-5　英语口语生成课堂模式

英语口语生成课堂模式以培养学生的口语交际能力、提升英语素养为目标，

---

① 朱纯：《外语教学心理学》，上海，上海外语教育出版社，2015。

在网络学习空间的支持下，将生成教学流程与英语口语生成过程相结合，在教学活动中促进生成目标的达成。

1. 创设情境，激发兴趣

在该环节中，教师利用多媒体课件等数字资源创设问题或故事情境，提出本节课关于口语交际的相关问题，引导学生思考。

2. 聆听对话，构思概念

在该环节中，教师先让学生通过聆听对话奠定口语输入的基础，然后引导学生在头脑中构思要说什么、表达什么意思、达到什么目的。口语生成只有听懂了别人说什么，才能给予相应的回应。

3. 跟读练习，组织语言

在该环节中，教师指导学生利用电子教材进行自由跟读，及时纠正错音，并进行监测和个别指导。在模仿跟读后，提供口语表达的相关词汇、句型和话题的支架，让学生进行角色扮演，从而巩固句型。

4. 协作设计，表达输出

在该环节中，教师发布任务，并指导学生利用数字资源及电子书包等进行小组协作录制。每个小组派出代表分享协作录制的作品，并通过电子书包的投票功能选出最佳小组。

5. 互评作品，总结反思

在该环节中，教师对整节课所学的语言知识、词汇和句型进行总结，并布置与生活息息相关的话题作业。课后，学生将作业以录音的形式上传到云平台，进行自评互评和教师点评。

(二)英语口语生成课堂模式的应用

英语口语生成课堂注重在教学过程中训练学生的语音语调，促进学生语言组织能力及表达能力的生成，从而开拓学生思维。

案例 4-3：小学三年级英语课《Do you like meat?》第一课时

该案例选自 G 小学三年级洪老师的英语课《Do you like meat?》，旨在借助材料帮助学生感知语言、拓展学生思维、培养学生的语言组织能力及表达能力，同时利用智能教学平台训练学生语音语调，获取更多的跨学科知识。该节课以生成性教学理念和个性化学习理念为指导进行设计，其教学目标、教学重点难点和教学过程设计如下。

❖ **确定生成目标**

➤ **知识生成目标**

1. 正确拼读并书写单词 rice、meat、noodles、milk、fish。

2. 理解并熟练运用句型 Do you like…？Please pass me… 。

➤ **方法生成目标**

1. 利用外研社的电子教材进行个性跟读、角色配音，提高英语听说能力和表达能力。

2. 通过情境对话提高思维能力和语言交际能力。

3. 利用智能教学平台进行小组协作，设计食谱，提高学习迁移能力和协作学习能力。

➤ **情感生成目标**

1. 在学习过程中渗透挑食有害健康的意识，倡导培养良好的饮食习惯。

2. 借助智能教学平台提高学生学习英语的兴趣及积极性，并使学生在活动中敢于开口说英语。

❖ **确定教学重点与难点**

➤ **教学重点**

能听懂并会说重点句型：Do you like meat? Yes，I do. ／ No，I don't.

➤ **教学难点**

1. 联系生活，运用句型询问别人的喜好。

2. 针对膳食金字塔对饮食进行评价，发表个人建议。

❖ **设计教学过程**

该节课主要包括"膳食科普，自主预习""创设情境，奠定生成""理解文意，聆听对话""跟读练习，组织语言""小组协作，生成食谱"和"布置作业，口语练习"六个环节。具体教学流程如图 4-6 所示。

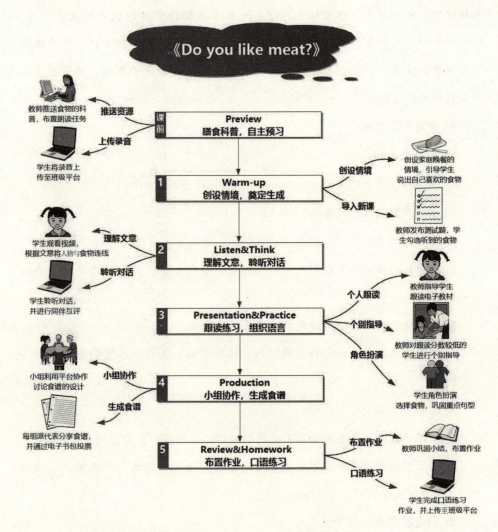

图 4-6 《Do you like meat?》具体教学流程图

1. 膳食科普，自主预习

课前，学生通过智能教学平台观看教师上传的视频，尝试对食物进行分类，并尝试录制食物分类的录音。教师通过听录音来了解学生的语音语调和对相关知识的掌握情况，并让学生积累食物的词汇。

2. 创设情境，奠定生成

教师利用多媒体课件创设家庭晚餐的情境，引导学生说出自己喜欢的食物，并发布测试题，让学生勾选听到的食物，通过先输入的方式奠定口语表达的基础。

3. 理解文意，聆听对话

教师让学生观看视频，并根据文意将人物与其喜欢吃的食物进行连线搭配，点拨学生正确的连线结果、梳理文意，引导学生有情感地朗读；学生仔细聆听对话，并进行同伴互评。

4. 跟读练习，组织语言

教师指导学生利用外研社的电子教材进行自由跟读，现场录制学生的跟读瞬间并进行个别指导，学生再针对分数较低的语句重新听读。然后，教师安排学生利用电子教材语篇输入功能进行角色扮演，帮助学生理解文中角色对食物的选择，巩固重点句型"Do you like…?"。

5. 小组协作，生成食谱

教师指导学生利用学习平台上的资源，通过小组协作运用所学习的内容进行食谱设计，生成食谱。然后每个小组派出代表分享食谱方案，并通过电子书包的投票功能选出最佳小组。

6. 布置作业，口语练习

教师总结该节课所学的语言知识、词汇和句型，并布置作业；课后，学生在智能教学平台上完成口语作业，并上传提交。

❖ 开展教学评价

该节课中，教师利用测试题对学生的词汇和句型掌握情况进行评价，根据网络学习空间中学生上传的录音作业对学生的口语表达和交流能力进行评价，从而对英语口语生成教学目标进行多元评价。课前，教师利用智能教学平台推送关于食物科普的视频资源，并发布学习单让学生进行自主学习，对学情进行诊断性评价。课中，教师首先创设家庭晚餐情境，激发学生表达的兴趣，并发布测试题了解学生书写单词情况；随后，教师引导学生利用电子教材跟读纠音，让学生朗读并将录音上传至智能教学平台，根据学生的口语表达情况引导学生进行同伴互评；接着，教师组织学生小组协作，设计食谱、生成食谱、汇报分享食谱，并对本节课教学内容进行巩固总结。课后，教师在智能教学平台发布作业，让学生上传口语录音，引导学生进行进阶口语练习。

四、 科学探究生成课堂模式

新一轮科技革命和产业革命浪潮给全世界发展带来了新的机遇和挑战，科学技术在社会发展中起着越来越重要的作用，科技人才成为实现科技强国梦的关键。在培养公民科学素养、增强国家科技实力的工作中，小学科学教学承担着重要责任。2017年《义务教育小学科学课程标准》对科学探究课的教学提出了更高的要求，更加注重培养学生的科学探究能力，以提升学生的科学素养。生成课堂是培养学生创新精神、实践能力的一种新型教育教学方式，强调学生学习的意义建构与动态生成，使学生由被动的接受者转为主动的探究者，切合科学探究能力培养的目标。新时代智能环境为科学教学提供信息化的教学工具与平台，能够激发学生学习科学的兴趣、提升学生探究效率和参与度。

(一)科学探究生成课堂模式构建

我们在生成性教学理论的指导下，根据科学探究课的一般特点，结合智能环境对科学探究生成课堂的支持作用，最终构建形成由教学目标、教学活动、教学主体、教学评价与智能环境五大要素组成的科学探究生成课堂模式。① 具体如图 4-7 所示。

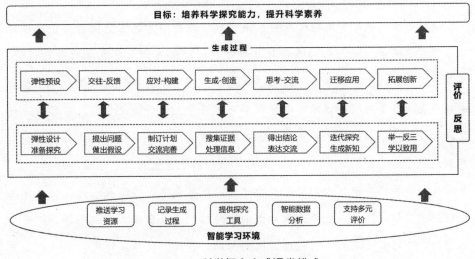

图 4-7 科学探究生成课堂模式

---

① 赖慧语、曹志根、梁瑞红等：《智能环境下小学科学探究生成课堂构建》，全球华人计算机教育应用大会(GCCCE)，2020。

科学探究生成课堂的教学目标为：培养科学探究能力，提升科学素养。该模式以生成性教学理念为指导，重组教学内容，重构教学活动。教学活动包括生成教学流程与探究活动流程两部分，同步进行，互相补充。

1. 弹性设计，准备探究

此环节为课前内容，学生预习课文，准备开始探究学习。教师则在课前针对教材与学情开展弹性教学设计，预设课堂生成内容。

2. 提出问题，作出假设

在该环节中，教师借助智能多媒体与数字资源呈现问题情境，通过交流互动及时调整与反馈，引导学生思考并提出问题，作出假设。

3. 制订计划，交流完善

在该环节中，教师分析学生的猜想假设，调整教学内容，引导学生开展实验设计，利用数字资源提供脚手架，利用智能学习空间记录生成性教学资源。

4. 搜集证据，处理信息

在该环节中，学生开展自主探究与合作探究，利用智能设备开展实验、记录实验数据，借助智能数据处理系统分析、处理数据，生成知识与方法。

5. 得出结论，表达交流

在该环节中，教师指导学生规范性地表述结论、组织学生汇报讨论和引发新问题。此环节是对生成探究的阶段性总结，培养学生批判思维与创新能力。

6. 迭代探究，生成新知

在该环节中，教师带领学生分析新的问题，引导学生自主运用习得的方法与知识开展第二次探究活动。此环节是对生成的巩固与深化。

7. 举一反三，学以致用

在该环节中，教师提供与生活息息相关的问题场景，启发学生运用所学知识解决现实问题，开拓思维，举一反三，培养学生创新应用的意识。

(二)科学探究生成课堂模式的应用

科学探究生成课堂注重教学过程中学生对于科学概念和探究方法的建构与生成，以培养学生科学探究能力，提升学生科学素养。

案例 4-4：小学五年级科学课《怎样得到更多的光和热》第一课时

该案例选自 L 小学五年级曹老师的科学课《怎样得到更多的光和热》，主要探究物体的颜色与吸热的关系，以及物体吸热与受阳光直射、斜射的关系。该节课以生成性教学理念和探究性学习理念为指导进行设计，其教学目标、教学重点难点和教学过程设计如下。

❖ **确定生成目标**

➤ 知识生成目标

1. 理解物体的颜色与吸热的本领有关，深色物体比浅色物体吸热快。

2. 掌握物体受阳光照射角度与吸热的关系，物体与阳光垂直比倾斜吸热快。

➤ 方法生成目标

通过自主探究、小组合作等活动，学生能够掌握根据不同的要求开展实验探究并分析数据，从而得出不同的科学结论的科学探究方法。

➤ 情感生成目标

1. 在实验中能严格按照实验要求进行操作，坚持实事求是地记录、观察实验的严谨、敬业态度。

2. 认识到自然事物的变化之间是有联系的，认同科技的发展能促使人们更好地利用自然资源和自然规律。

3. 培养对新问题开展探究的好奇心和将知识与生活相联系、解决生活中的问题的意识。

❖ **确定教学重点与难点**

➤ 教学重点

1. 物体的颜色与吸热的关系。

2. 物体吸热与受阳光直射、斜射的关系。

➤ 教学难点

物体吸热与受阳光直射、斜射的关系。

❖ **设计教学过程**

该节课主要包括"创设情境，奠定生成""准备探究，协作建构""开展探究，实现生成""交流反思，引发思考""方法迁移，自主探究"和"联系生活，拓展创新"六个环节。具体教学流程如图 4-8 所示。

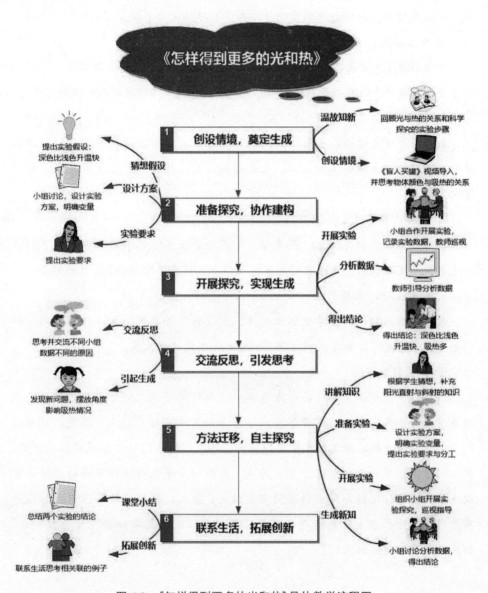

图 4-8 《怎样得到更多的光和热》具体教学流程图

1. 创设情境，奠定生成

教师通过多媒体播放"盲人买罐"视频，引导学生猜想盲人的判断依据：在阳光的照射下，白罐和黑罐的温度不同。通过技术创设情境，激发学生探究兴趣。

2. 准备探究，协作建构

教师提出猜想，学生分组设计实验方案，在网络学习空间进行师生互评交流，生成最佳实验设计。此环节侧重培养学生习得设计实验方案的过程与方法。

3. 开展探究，实现生成

教师引导学生开展实验、分析数据、得出结论。智能环境能够记录学生的整个学习过程与产生的数据并可视化数据分析，实现知识与数据分析方法的生成。

4. 交流反思，引发思考

教师引导学生讨论：在同一时间内，为什么有的小组的相同颜色的纸的吸热数据不同？学生观察实验过程，生成新的问题。此环节利用生成性教学资源深化生成。

5. 方法迁移，自主探究

教师补充讲解相关知识，引导学生利用智能技术，让学生以小组合作的方式完成整个实验流程。学生能够在探究过程中迁移应用所学知识，生成新知。

6. 联系生活，拓展创新

教师总结归纳，引导学生联系生活、尝试利用所学解决生活中的问题，组织学生交流分享，培养学生解决问题的意识，实现情感生成。

❖ 开展教学评价

该节课中，教师主要对实验方案和小组协作学习情况进行评价，从而达成培养学生科学探究能力、提升学生科学素养的生成目标。课上，首先，教师通过多媒体创设情境，激发学生探究的兴趣；其次，教师引导学生设计探究方案，并组织学生分享和点评探究方案；再次，教师引导学生开展探究实验，对探究收集的数据进行汇报，得出科学的实验结论；最后，教师对该节课进行总结并布置作业，培养学生对新问题开展探究的好奇心，以及将知识与生活相联系、解决生活中的问题的意识。

五、 美术绘画生成课堂模式

2019 年 6 月，《中共中央 国务院关于深化教育教学改革全面提高义务教育质量的意见》提出坚持"五育并举"，全面发展素质教育。[1] 美术课程是学校进行美

---

① 《中共中央 国务院关于深化教育教学改革全面提高义务教育质量的意见》，http://www.gov.cn/xinwen/2019-07/08/content_5407361.htm，2019-06-23。

育的主要途径，在实施素质教育的过程中发挥着不可替代的作用。新课程标准提出要加强美术教学，以提升学生的审美素质，丰富学生的内心世界，夯实学生综合发展的基础。美术绘画是美术教育的基础内容。绘画是一种源自人类本身的行为驱动；儿童的绘画行为是天生就有的，是他们本身的一种天性和本能，是出于表达内心情感的需要。① 绘画是学生自己动手利用工具和材料、投入自己的思想和情感进行的一种创作活动，它不仅锻炼了学生的动手能力，而且培养了学生的主动性，使他们在积极的情感体验中提高想象力和创造力，同时提高审美能力和审美意识。教师应改进教学理念、创新教学模式，给美术绘画教学注入新的动力。

(一)美术绘画生成课堂模式构建

我们在生成性教学理论的指导下，根据美术绘画教学的特点，结合智能环境对美术绘画生成课堂的支持作用，构建了美术绘画生成课堂模式。具体如图 4-9 所示。

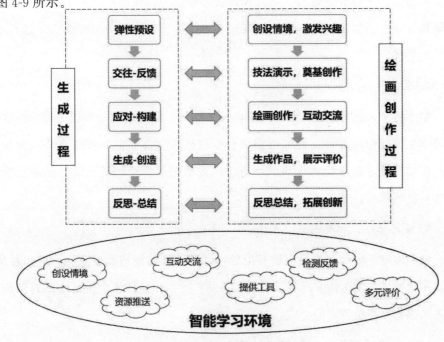

图 4-9　美术绘画生成课堂模式

_____

① 顾丽娜、陈文娟：《天性·个性·共性——论儿童绘画及其教育》，载《教育现代化》，2006(8)。

1. 创设情境，激发兴趣

教师根据教学目标，创设出符合课堂教学内容和实际生活的教学情境，能够与学生产生共鸣。教师可以利用视频、音频、动画等多种形式或选择来源于实际生活场景的真实问题创设情境，为知识生成创设环境和条件，激发学生的学习兴趣，从而让学生快速融入课堂教学中，明晰学习主题。

2. 技法演示，奠基创作

教师讲解并示范绘画过程，引导学生自主尝试练习并总结绘画的技巧和要点，让学生掌握基本知识和技能，促进知识生成，从而为作品创作奠定基础。

3. 绘画创作，互动交流

学生掌握绘画的技巧和要点后，教师便可通过云平台推送参考作品资料，利用绘画软件或工具引导学生以自主或合作的方式开展绘画创作，表达内心的感受和想法，提高学生的造型能力和创新绘画能力。在这一环节中，教师需要不断指导学生的创作，引导学生相互交流、合作分享等，从而有效实现过程与方法的生成。

4. 生成作品，展示评价

学生将个人或小组创作的作品上传至云平台，随后教师发布相关评价标准，引导学生进行作品互评。教师根据平台数据推荐优秀作品，进行点评与分析；学生仔细聆听，思考优秀作品的特点、长处和表达的情感等，同时不断反思，完善自己的作品。

5. 反思总结，拓展创新

教师引导学生对创作过程进行反思，总结绘画的技巧和要点。同时，教师通过平台推送与学生的实际生活场景相关的作品，使他们体会生活中的自然美，促进情感态度与价值观的生成。

(二)美术绘画生成课堂模式的应用

美术绘画生成课堂注重教学过程中学生对绘画的技巧和要点的相关知识的建构与生成，从而创作出绘画作品，以提升学生的创新创造能力和审美能力。

案例 4-5：小学五年级美术课《用线条、色彩画感觉》第一课时

该案例选自 Y 小学五年级伍老师的美术课《用线条、色彩画感觉》，旨在使学生掌握线条和色彩的基本知识，培养学生的绘画技巧技法，并运用线条、色彩、线条与色彩的组合表达自己的感受。该节课以生成性教学理念和创新教育理念为指导进行设计，其教学目标、教学重点难点和教学过程设计如下。

❖ **确定生成目标**

➤ **知识生成目标**

1. 了解用不同的线条和色彩可以表现不同的感觉。

2. 掌握以线条和色彩进行造型表现的基本知识。

➤ **方法生成目标**

1. 通过作品欣赏，初步感知用不同的线条和色彩可以表现不同的感觉。

2. 通过手绘创作和电子绘画，习得利用线条、色彩、线条与色彩的组合创作作品的技巧技法。

➤ **情感生成目标**

1. 培养细心欣赏、善于想象、大胆表现的学习态度。

2. 提升大胆创作、敢于创新的意识。

❖ **确定教学重点与难点**

➤ **教学重点**

1. 感知用不同的线条和色彩可以表现不同的感觉。

2. 能利用线条和色彩表达自己的想法。

3. 掌握绘画技巧技法。

➤ **教学难点**

初步学会运用不同线条与色彩的组合与搭配，运用绘画技巧技法表现自己眼中的世界和心中的感受。

❖ **设计教学过程**

该节课主要包括"情境导入，欣赏名作""讲解示范，学习技法""手绘创作，互动交流""电子绘画，展示评价"和"课堂总结，拓展创新"五个环节。具体教学流程如图 4-10 所示。

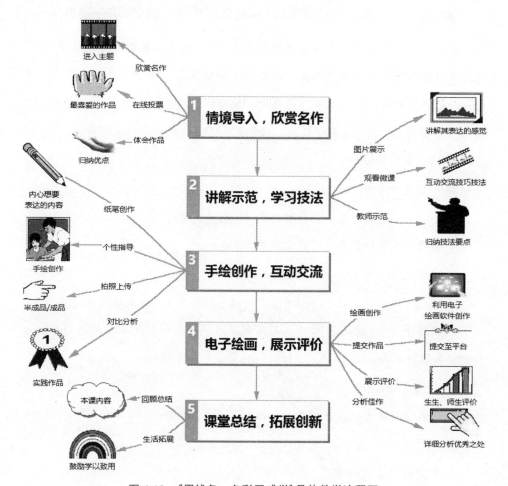

图 4-10 《用线条、色彩画感觉》具体教学流程图

1. 情境导入，欣赏名作

教师播放名家作品微课，创设情境，引导学生在欣赏名家作品中明晰学习主题，体会作品的独特之处。并采用在线投票的方式评价案例库中的名家作品，确定作品鉴赏的范例，激发学生创作的欲望。

2. 讲解示范，学习技法

教师利用多媒体课件展现不同线条、色彩、线条与色彩组合的图片，引导学生感受不同组合带来的不同感觉。然后教师播放相关微课，学生自主观看，并互动交流绘画创作的技巧技法。最后教师示范作画，带领学生归纳出更好地运用线条与色彩的组合表达感受的技法要点，奠定作品创作的基础。

3. 手绘创作，互动交流

教师引导学生自主开展手绘创作，利用线条与色彩的组合表达自己的内心想法和感受。作品完成后，利用平板拍照上传至云平台，实现个人作品的共享，以供学生之间互动交流。然后教师对学生的作品进行分析评价，学生仔细聆听，并思考如何完善自己的作品。

4. 电子绘画，展示评价

教师展示案例库中的名家作品和往届学生作品，引导学生利用电子绘画软件创作作品并提交至云平台。然后教师发布作品评价标准，引导学生根据作品评价标准进行互评，并选取 2 件评分排行最高的优秀作品进行评价。

5. 课堂总结，拓展创新

教师引导学生回顾总结该节课所学内容，并展示运用线条、色彩美化生活的作品，提升学生学以致用的意识。

❖ 开展教学评价

该节课在原有目标达成的基础上引导学生利用电子绘画软件开展创作，使学生具备利用信息技术开展绘画创作的素质和能力，生成绘画技巧技法。为评价课堂教学效果，该节课构建了作品评价标准，如表 4-1 所示。

表 4-1　作品评价标准

评价项目	评价标准	星级评价
线条造型	能运用线条进行造型，表现自己的感觉	☆
色彩造型	能运用色彩进行造型，表现自己的感觉。	☆
线条与色彩组合创作 （选择其中之一）	能围绕一个主题，基本做到用线条与色彩的美妙组合表现自己的感觉。	☆
	能围绕一个主题，较好地用线条与色彩的美妙组合表现自己的感觉，做到线条细腻、颜色丰富。	☆☆
	能围绕一个主题，富有创意地用线条与色彩的美妙组合表现自己的感觉，做到线条细腻、颜色丰富。	☆☆☆
合计 （最多五颗星）	共（　　）颗星	

六、 音乐创编生成课堂模式

"以美育人"的教育思想与我国的教育、文化传统一脉相承，是培养德智体美全面发展的社会主义建设者和接班人的教育方针的有机组成部分。[①] 音乐课程是实现素质教育的重要分支，是落实审美感知、艺术表现、文化理解等音乐学科核心素养的主要途径。而音乐创编课能够丰富学生的形象思维，开发学生的创造性潜能，提高学生感受美、表现美、鉴赏美、创造美的能力。因此，音乐创编课在小学音乐教学中具有重要的地位。教师应改进教学理念、创新教学模式，为音乐创编教学的改革提供助力。

(一)音乐创编生成课堂模式构建

我们在生成性教学理论的指导下，根据音乐创编教学的特点，结合网络学习空间对音乐创编生成课堂的支持作用，构建了音乐创编生成课堂模式。具体如图 4-11 所示。

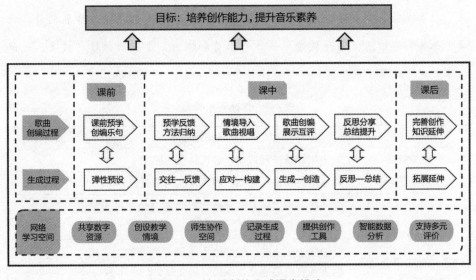

图 4-11　音乐创编生成课堂模式

1. 课前预学，创编乐句

课前，教师根据教学目标设定歌曲创编任务与流程，通过网络学习空间推

---

① 中华人民共和国教育部：《义务教育音乐课程标准(2011 年版)》，3 页，北京，北京师范大学出版社，2012。

送资源、进行讨论等方式辅导学生完成作品并上传，引导学生利用网络学习空间欣赏其他同学的作品并进行交流评价。该环节为课中的生成作品起铺垫作用。

2. 预学反馈，方法归纳

在该环节中，教师展示学生课前创作的作品并进行点评，积极与学生开展互动，归纳创作的优点并提出建议，随后引导学生自主尝试总结歌曲创编的要点，初步总结出音乐创编的基本方法，从而为歌曲创编奠定基础。此环节是对课中生成活动的奠基，实现知识与方法的生成目标。

3. 情境导入，歌曲视唱

在该环节中，教师根据教学目标，利用视频、音频、动画等方式创设教学情境，激发学生的学习兴趣，调动学生的积极性，提出问题引发学生思考。然后，教师带领学生视唱歌曲，归纳歌曲中的知识要点，组织学生用学习过的舞蹈动作来表现歌曲意境、深入体验歌曲的特点，引导学生深入思考，深化学生对知识要点的理解，促进知识生成。

4. 歌曲创编，展示互评

在该环节中，教师通过云空间推送个性化资源，指导学生完成音乐辨听，让学生以小组合作的方式归纳创编技能，运用所学知识和歌曲创编软件创编歌曲并上传至云空间，从而有效实现过程与方法的生成。然后，学生根据教师发布的评价标准对上传至云空间的各小组作品进行互评，教师根据空间数据播放评分进行点评与分析，邀请投票率最高的几个小组上台进行经验分享。最后，教师帮助各小组学生进行作品成果展示。此环节引导学生生成可视化产物，促进学生技能生成。

5. 反思分享，总结提升

在该环节中，教师点评学生作品并总结课堂所学内容，与学生一同回顾知识点并通过平台推送个性化拓展资源，引导学生选择自己喜欢的歌曲进行欣赏学习，结合所学知识及教师的反馈进行反思总结。此环节起着优化生成的作用。

6. 完善创作，知识延伸

课后，学生需要对音乐创编过程中遇到的问题进行反思总结，并对音乐创编过程中创作的作品进行修改、优化、完善。此外，学生可通过网络学习空间和其他同学进行交流互评，或选择自己喜欢的歌曲进行欣赏学习，拓展音乐知识、提升音乐素养。此环节是生成活动的拓展，促进学生情感生成。

(二)音乐创编生成课堂模式的应用

音乐创编生成课堂注重教学过程中学生对音乐创编技巧和相关知识的建构与生成，以提升学生的创作能力。

案例 4-6：小学六年级音乐课《音乐创作——运用重复、对比的创作手法》第二课时

该案例选自 Y 小学六年级杨老师的音乐课《音乐创作——运用重复、对比的创作手法》。该节课以生成性教学理念、创新教育理念和个性化学习理念为指导进行设计，其教学目标、教学重点难点和教学过程设计如下。

❖ 确定生成目标

➤ 知识生成目标

1. 能够了解"完全重复""不完全重复"和"对比"的音乐创作手法。

2. 能初步理解、学习规范记谱。

3. 能初步运用"重复"和"对比"的音乐创作手法创编 4 个乐句的歌曲。

➤ 方法生成目标

1. 能够与他人进行互动交流，表达自己的想象。

2. 能运用对比、视谱、歌唱等方法探索出音乐创作的规律。

3. 通过参与互动交流和汇报提升表达能力与合作能力。

4. 通过使用歌曲创作软件培养创新能力与生成能力。

➤ 情感生成目标

1. 通过学习和创作促进学生养成善于聆听、乐于观察的好习惯，提高审美能力。

2. 通过合作探究活动增强学生的合作意识、探索精神。

3. 通过歌曲创编活动培养学生的创作意识。

❖ 确定教学重点与难点

➤ 教学重点

1. 归纳"重复"和"对比"的主要创作手法。

2. 能简单运用"重复"和"对比"手法创编 4 个乐句的歌曲。

➤ 教学难点

通过合作和借助音乐创作软件，用"重复"和"对比"手法进行简单的音乐创作。

❖ 设计教学过程

该节课主要包括"课前预学，创编乐句""预学反馈，方法归纳""情境导入，歌曲视唱""歌曲创编，展示互评""反思分享，总结提升"和"完善创作，知识延伸"六个环节。具体教学流程如图 4-12 所示。

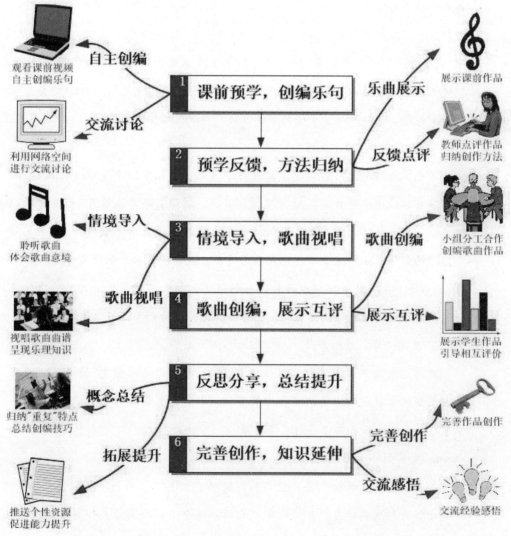

图 4-12 《音乐创作——运用重复、对比的创作手法》具体教学流程图

1. 课前预学，创编乐句

课前，教师利用云空间推送给学生相关资源，辅导学生运用课上所学的节拍知识独立创作 4 节歌曲并上传，引导学生利用网络学习空间进行交流讨论。

2. 预学反馈，方法归纳

教师通过网络学习空间展示学生课前创作的作品，点评并归纳创作的优点，提出建议，初步总结出音乐创编的基本方法。

3. 情境导入，歌曲视唱

首先，教师通过播放伦敦奥运会的闭幕式歌曲《We will rock you》引导学生体会歌曲魅力及发表听后感，由歌曲的旋律逐步引出"重复"这一主题。其次，教师带领学生视唱歌曲，展示歌曲简谱中"重复"的部分并讲解歌曲旋律和节奏中"完全重复"与"变化重复"的定义，引导学生体验歌曲"重复"的作用，然后组织学生用学习过的舞蹈动作来对比"完全重复"与"变化重复"，加深对"重复"的理解。最后，教师引导学生归纳创编方法，实现创编方法生成。

4. 歌曲创编，展示互评

首先，教师利用网络学习空间进行个性化资源推送，指导学生完成音乐辨听，观看其他同学的作品并进行交流；其次，教师引导学生运用《我要写歌》软件，以小组合作的方式在上节课创编节奏乐句的基础上填上旋律，用"重复"和"对比"的创作手法创编歌曲，完成后上传至云空间；最后，教师发布《创编评价表》，引导学生在空间中完成评价，并利用电子白板播放学生创作的优秀作品，邀请投票率最高的几个小组上台演出作品并进行经验分享，实现作品生成。

5. 反思分享，总结提升

教师总结该节课所学内容，归纳"完全重复"与"变化重复"的定义及特点，并利用网络学习空间推送个性化拓展资源，引导学生选择自己喜欢的歌曲进行欣赏学习，结合所学知识进行反思总结。

6. 完善创作，知识延伸

教师引导学生继续完善课堂作品，鼓励学生进行组间分享与互评，培养学生创新能力与生成能力，在网络学习空间推送个性化拓展资源供学生欣赏并进行交流。

❖ **开展教学评价**

该节课中，教师依托网络学习空间记录并存储学生的音乐创作作品，引导学生进行作品交流和互评，从而达成培养学生的创作意识、提升学生的音乐素养的目标。课前，教师利用网络学习空间引导学生上传创编作品并进行交流和互评。课中，教师首先对课前作品进行点评，并总结出音乐创编的基本方法；然后组织学生分小组创作，汇报演出创编作品，并根据作品评价量表进行互评；最后给学生推送资源，引导学生选择自己喜欢的歌曲进行欣赏学习，结合所学知识进行反思总结。课后，教师在网络学习空间推送个性化拓展资源供学生欣赏并进行交流，进一步深化音乐创编技巧。

【本章小结】

本章从生成目标、生成支架、生成活动和生成评价四个方面介绍了生成课堂的教学设计，同时围绕语文阅读、数学方法、英语口语、科学探究、美术绘画和音乐创编阐述生成课堂的典型模式。要点如下。

1. 生成课堂的教学设计

教学设计是教学理论与教学实践的桥梁。对生成课堂进行教学设计，就需要在生成性教学理论的指导下，融合互联网思维，确定生成目标、搭建生成支架、开展生成活动、实施生成评价，从而培育新时代创新人才。

第一，确定生成目标。

生成目标的设计应以落实立德树人根本任务、满足创新人才培养需求和支撑生成课堂教学实施为依据，并以弹性化预设、动态化调整和多元化延伸为原则，从而解决传统教学的一些现实问题，比如教学目标过于机械死板，只有达到了预定的教学目标才能说明教学是成功的，课堂教学只是教学手段和教学目标的完成过程等。

第二，搭建生成支架。

搭建生成支架应根据生成目标及教学过程，结合学生认知水平、知识结构、最近发展区等现实状况进行逻辑设计，体现教学内容难度层级，并彰显师生多元交流互动，从而实现促进学生使新的信息与原有认知发生连接，有效支持生成过程的功能与效果。

第三，开展生成活动。

开展生成活动应以生成过程为参照，围绕生成的激发、推进、维持和结果，多维创设生成情境、动态推送资源工具、协作创造生成作品、多方展示交流分享、多元评价生成效果，从而有效支持生成课堂教学。

第四，实施生成评价。

设计生成评价应以落实立德树人根本任务，培养德智体美劳全面发展的新时代创新人才为价值导向，站在生命的高度，融合信息技术手段及工具，一方面尊重学生的个体差异，客观反映学生的真实学情，聚焦知识、能力和素养等目标的达成情况，另一方面也可依托人工智能、大数据等信息技术手段工具，可视化生成过程及生成产物，从而全方位、多角度反映学生的学习效果，为学生个性优化提升提供数据支持及依据。

2. 生成课堂的典型模式

生成课堂的模式是指在生成性教学理念的指导下形成的稳定而简明的教学结构及其活动程序。生成性教学尊重学生个体差异，能够充分发挥学生的主观能动性、调动学生的积极性，有利于创新人才培养。

生成课堂的典型模式有：语文阅读生成课堂模式，数学方法生成课堂模式，英语口语生成课堂模式，科学探究生成课堂模式，美术绘画生成课堂模式，音乐创编生成课堂模式。

第五章

生成课堂的教学评价

→ 内容结构

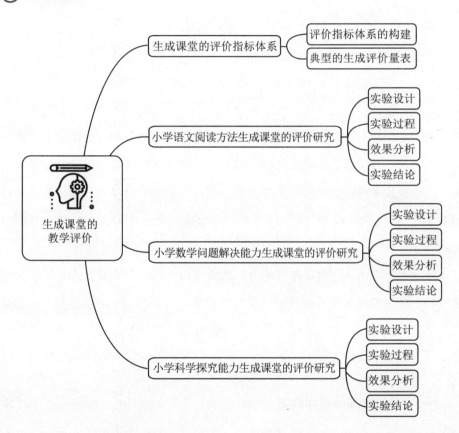

教学评价，指以教学目标为依据，运用可操作的科学手段，系统收集有关教学的信息资料，并通过量化对教学的过程和结果进行价值性判断，以促进学生的自我发展和教学的完善。[①] 教学评价是生成课堂教学的一个重要组成部分，有效的教学评价不仅能够检验教学效果、诊断教学问题，而且能促进学生自我

---

① 施良方、崔允漷：《教学理论：课堂教学的原理、策略与研究》，330 页，上海，华东师范大学出版社，2009。

反思、自我发展。基于此，我们将具体从生成课堂的评价指标体系的构建和典型的生成评价量表两方面明晰生成课堂的评价指标体系，另外，以小学语文阅读方法生成课堂的评价研究、小学数学问题解决能力生成课堂的评价研究和小学科学探究能力生成课堂的评价研究为例介绍生成课堂的评价指标体系的具体应用。

第一节　生成课堂的评价指标体系

课堂评价是追求教育效果优化和提升课堂教学质量的必然指向。钟启泉教授从评价的功能出发，强调评价在课堂教学中的作用，明确指出将教学与评价融为一体，使评价最大限度地助力课堂改革。[①] 沈玉顺认为，课堂评价是教师为了判断学生的学习情况、了解自己的教学效果、促进学生的有效学习而开展的对学生学习信息采集、分析和利用的活动。[②] 近年来，随着信息技术与教学深度融合，信息技术对课堂评价的影响及其作用应该引起广泛关注。信息技术在课堂教学中"自主"和"反馈"功能的发挥，帮助我们更加全面、直观地开展课堂评价。

基于此，本书认为生成课堂评价是教师在信息技术的支持下为促进学生知识掌握、能力生成和素质提升而开展的对学生学习信息、互动信息和生成物的采集、分析和利用活动。生成课堂的评价指标体系的构建是开展生成课堂评价的关键，体现了课堂评价的理念，指导着生成课堂评价的顺利实施。

一、 评价指标体系的构建

目前，许多学者对生成课堂评价进行了较为广泛并逐步深入的研究。结合课堂评价已有研究基础，我们根据生成性教学的内涵与特征，以教学目标的实现和附加价值的生成程度作为评价标准，构建了生成课堂的评价指标体系。如表 5-1 所示。

---

① 钟启泉：《课堂评价的挑战》，载《全球教育展望》，2012(1)。
② 沈玉顺：《课堂评价》，北京，北京师范大学出版社，2012。

表 5-1 生成课堂的评价指标体系

一级指标	二级指标	具体描述
理念与目标	价值导向	落实立德树人根本任务，贯彻落实党的教育方针，强调从课程目标、内容、组织和评价等多方面全过程融入育人价值，重视课程思政，能够有效支持"三全育人"综合改革
	教学理念	在弹性预设基础上，师生充分交互，不断调整教学活动和行为，共同建构并形成新信息、资源，实现教学目标并生成附加价值
	教学目标	对标学科核心素养，注重弹性化、过程性、多元性等特点，关注学生行为目标和生成目标的结合，注重学生课堂教学与日常生活的联系，促进学生全面发展，满足学生个性化差异
设计与实施	教学内容	能够依据学科前沿动态与社会发展需求更新知识体系，重构课程内容结构。内容结构与组织符合学生发展规律与学生学习需求，契合教学目标
	交互活动	能够突出学生主体地位，综合运用自主学习、探究学习、发现学习与合作学习等形式组织教学活动，可利用开放式的教学环境鼓励学生生成创造，培养学生创新精神
	教学资源	涵盖多类资源，可包括优质 MOOC 和针对本校学生自建的特色化教学资源等。教学资源完整，可读性强，具有不同的呈现形式
	信息技术应用	能够合理运用信息技术重构教学结构、再造教学流程，能够恰当使用优质数字资源、信息化教学设施开展教学，提升教学效果
效果与特色	目标达成	能够有效完成设定的教学目标，促进学生知识掌握、能力生成和学科核心素质提升
	评价方式	评价主体多元化，评价手段多样化，能够借助一定技术手段和信息化工具记录、汇总和分析学生学习过程数据，可视化评价结果

二、 典型的生成评价量表①

　　为检验智慧学习环境下小学语文阅读课生成性教学实践的成效，我们根据生成性教学的内涵与特征，以教学目标的实现和附加价值的生成程度作为评价标准，同时结合布鲁姆的教学目标分类理论及小学语文阅读课的三维目标，构建了小学语文阅读课生成的评价指标体系。如图 5-1 所示。

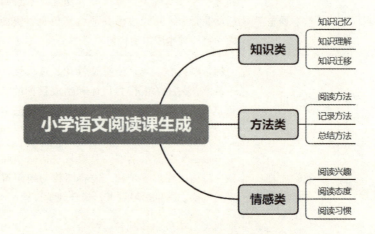

图 5-1　小学语文阅读课生成的评价指标体系

(一)知识类生成的评价指标②

　　知识类生成的评价指标围绕知识记忆、知识理解、知识迁移三个维度，设计了难度系数相同的测试题进行评价分析。具体评价指标如表 5-2 所示。

表 5-2　小学语文阅读课知识类生成的评价指标

一级指标	二级指标
知识类	知识记忆(40 分)
	知识理解(30 分)
	知识迁移(30 分)

---

　　① 谢幼如、邱艺、罗胜涛等：《网络学习空间建设应用新范式：知识生成视角》，载《中国电化教育》，2018(9)。
　　② 同上。

(二)方法类生成的评价指标[①]

方法类生成的评价指标围绕阅读方法、记录方法、总结方法三个维度，采用李克特五点量表计分，并根据量表的信度和效度分析结果进行适当调整，制定了测量方法类生成的 15 个问题。具体评价指标如表 5-3 所示。

表 5-3 小学语文阅读课方法类生成的评价指标

一级指标	二级指标	具体问题
方法类	阅读方法	应用信息技术工具支持阅读后，我学会整体阅读法
		应用信息技术工具支持阅读后，我学会分读法
		应用信息技术工具支持阅读后，我学会口诵笔述法
		应用信息技术工具支持阅读后，我学会带题阅读法
		应用信息技术工具支持阅读后，我能轻松快速阅读
	记录方法	应用信息技术工具支持阅读后，我会对阅读内容做批注
		应用信息技术工具支持阅读后，我会对阅读内容写卡片
		应用信息技术工具支持阅读后，我会对阅读内容做笔记
		应用信息技术工具支持阅读后，我会对阅读内容列提纲
		应用信息技术工具支持阅读后，我会根据阅读内容绘制图表
	总结方法	应用信息技术工具支持阅读后，我会根据阅读内容绘制概念图
		应用信息技术工具支持阅读后，我经常写读书笔记
		应用信息技术工具支持阅读后，我经常作自我反思
		应用信息技术工具支持阅读后，我经常写个人总结
		应用信息技术工具支持阅读后，我经常制作个人小作品

(三)情感类生成的评价指标[②]

情感类生成的评价指标围绕阅读兴趣、阅读态度、阅读习惯三个维度，采用李克特五点量表计分，并根据量表的信度和效度分析结果进行适当调整，制定了测量情感类生成的 4 个问题。具体评价指标如表 5-4 所示。

[①] 谢幼如、邱艺、罗胜涛等：《网络学习空间建设应用新范式：知识生成视角》，载《中国电化教育》，2018(9)。

[②] 同上。

表 5-4 小学语文阅读课情感类生成的评价指标

一级指标	二级指标	具体问题
情感类	阅读兴趣	应用信息技术工具支持阅读后，我更喜欢用信息技术工具（如电子书包）进行学习
		应用信息技术工具支持阅读后，我的阅读兴趣提高了
	阅读态度	应用信息技术工具支持阅读后，我更加认真仔细阅读
	阅读习惯	应用信息技术工具支持阅读后，我的阅读习惯改变了

第二节 小学语文阅读方法生成课堂的评价研究[①]

阅读是学生通过语言文字来获取信息、认识世界、发展思维以及获得审美体验的重要途径。阅读教学要重视朗读和默读，并让学生逐步学会浏览、略读和精读等方法，注重培养学生广泛的阅读兴趣，扩大阅读面、增加阅读量、提高阅读品位。从三维目标角度来说，小学语文阅读教学不仅要注重知识目标的达成，更要注重让学生掌握开展阅读的多种方法。本研究对小学语文阅读方法生成课堂模式开展教学实验研究，以检验其在促进小学生语文阅读方法生成方面的有效性。

一、 实验设计

(一)实验假设的建立

本研究的目的是检验小学语文阅读方法生成课堂模式的有效性。因此，本研究的实验假设为：小学语文阅读方法生成课堂模式能够有效促进小学生阅读方法生成。

(二)实验模式的设计

本研究选择 L 小学作为实验学校，采用不相等实验组、控制组前后测准实验设计开展，随机选取五(1)班和五(2)班两个自然班为实验对象。其中，五(1)

---

① 杨阳：《电子书包支持的生成性教学模型构建与应用》，硕士学位论文，广州，华南师范大学，2016。

班作为实验班，共 28 人，男生 13 人，女生 15 人；五（2）班作为对照班，共 41 人，男生 22 人，女生 19 人；对实验班和对照班同时开展前测，测量学生掌握语文阅读方法的水平，分别记为 R_1 和 R_2。实验班学生进行实验处理，即采用小学语文阅读方法生成课堂模式开展教学；对照班学生不进行实验处理。实验结束后，对两个班学生掌握语文阅读方法的水平进行后测，分别记为 R_3 和 R_4。具体情况如表 5-5 所示。

表 5-5　准实验研究设计

实验分组	班级	同时前测		实验处理	同时后测
实验班	五（1）班	R_1	$R_1 \approx R_2$	接受	R_3
对照班	五（2）班	R_2		不接受	R_4

（三）实验内容

本研究与实验学校教师一同协商，选择小学五年级语文《新型玻璃》和《梦想的力量》作为实验内容。

（四）实验变量

实验变量：X＝小学语文阅读方法生成课堂模式的应用

反应变量：Y＝教学效果

Y_1＝学生阅读方法生成

Y_2＝学生记录方法生成

Y_3＝学生总结方法生成

干扰变量：小学生语文素质的自然成长、电子书包应用的操练程度

（五）测量工具

根据布鲁姆的教学目标分类理论和《小学语文新课程标准》（2019 年版），本研究对小学语文阅读方法生成课堂模式的应用效果进行评价，具体包括阅读方法、记录方法和总结方法，并编制了小学语文阅读方法生成效果评价表。量表均采用李克特五点量表计分，按照"完全符合～完全不符合"分别计"5 分～1 分"，得分越高表示学生对方法掌握水平越高，并以各量表的总得分来判断学生方法生成水平。

　　为了检验量表的合理性，本研究在小范围内开展试测，采用对半法对量表的信度与效度进行检验。结果表明，该量表具有一定的信度与效度。根据对被测学生的观察和询问，对量表中个别项目的描述进行了修改，使小学生能够更加理解，在选择时更加准确。具体评价量表如表 5-6 所示。

表 5-6　小学语文阅读方法生成评价量表

一级指标	二级指标	描述
方法生成	阅读方法	我学会整体阅读法
		我学会分读法
		我学会口诵笔述法
		我学会带题阅读法
		我能轻松快速阅读
	记录方法	我会对阅读内容做批注
		我会对阅读内容写卡片
		我会对阅读内容做笔记
		我会对阅读内容列提纲
		我会根据阅读内容绘制图表
		我会根据阅读内容绘制概念图
	总结方法	我经常写读书笔记
		我经常作自我反思
		我经常写个人总结
		我经常制作个人小作品

二、　实验过程

（一）实验准备

　　在实验前期阶段，了解学生语文阅读的学习状况、教师当前的授课进度及经常使用的教学方法和教学策略。同时，与实验班教师进行沟通交流，让授课教师了解小学语文阅读方法生成课堂模式的实施过程，并设计相应教学方案。

（二）前测

　　为检验实验班五（1）班和对照班五（2）班学生的语文阅读方法生成总体水平在教学实践之前是否存在显著差异，本研究在实验开始前对实验班和对照班学生进行前测，对方法生成的原始水平进行分析。在五（1）班发放问卷 28 份，回收 28 份，有效问卷 28 份；在五（2）班发放问卷 41 份，回收 40 份，有效问卷 37 份。

由表 5-7 可知，实验班学生和对照班学生方法生成的均值分别为 52.642 9 和 52.783 8，两者差异不大，表明实验班和对照班在实验开始前水平相当，不存在显著差异。由表 5-8 可知，在方法生成前测独立样本 t 检验中，方差方程的 Levene 检验 $Sig.$ 的值为 0.668＞0.05，因此假设方差相等，由此可知，$Sig.$（2-tailed）＝0.947＞0.05，即实验班和对照班在方法生成方面没有显著差异。

表 5-7 语文阅读方法生成前测总体情况

	班级	N	均值	标准差	均值的标准误
方法生成	五（1）班	28	52.642 9	8.718 71	1.647 68
	五（2）班	37	52.783 8	8.158 62	1.341 27

表 5-8 语文阅读方法生成前测独立样本 t 检验

		方差方程的 Levene 检验		均值方程的 t 检验				
		F	$Sig.$	t	df	$Sig.$（双侧）	均值差值	标准误差值
方法生成	假设方差相等	0.186	0.668	−0.067	63	0.947	−0.140 93	2.104 86
	假设方差不相等			−0.066	56.148	0.947	−0.140 93	2.124 58

（三）实验实施

本研究采用不相等实验组、控制组前后测准实验设计开展，在实验班应用小学语文阅读方法生成课堂模式开展教学，在对照班应用传统方法开展教学。同时，在课堂教学过程中通过拍照、录像等信息技术手段进行记录，便于实验结束后对实验研究资料进行分析。

三、效果分析

在教学实践结束后，分别对五（1）班和五（2）班学生发放后测问卷。在五（1）班发放问卷 28 份，回收 28 份，有效问卷 28 份；在五（2）班发放问卷 41 份，回收 39 份，有效问卷 38 份。

由表 5-9 可知，实验班学生和对照班学生方法生成的均值分别为 63.7407 和 60.3947，表明实验班的方法生成效果优于对照班。由表 5-10 可知，$Sig.$ (2-tailed)＝0.000＜0.05，表明实验班和对照班在方法生成方面存在非常显著的差异。为直观了解学生在方法生成各维度上的差异，本研究分别从阅读方法生成、记录方法生成和总结方法生成三个方面以及根据实验班前后测进行具体分析。

表 5-9　语文阅读方法生成后测统计量

	班级	N	均值	标准差	均值的标准误
方法生成	五（1）班	28	63.740 7	3.547 40	0.682 70
	五（2）班	38	60.394 7	3.325 08	0.539 40

表 5-10　语文阅读方法生成后测独立样本 t 检验

		方差方程的 Levene 检验		均值方程的 t 检验				
		F	$Sig.$	t	df	$Sig.$（双侧）	均值差值	标准误差值
方法生成	假设方差相等	0.098	0.755	3.889	63	0.000	3.346 00	0.860 46
	假设方差不相等			3.846	53.848	0.000	3.346 00	0.870 07

（一）阅读方法生成后测

如表 5-11 所示，五（1）班的均值为 22.142 9，五（2）班的均值为 20.315 8，即实验班学生的阅读方法生成水平略高于对照班学生的阅读方法生成水平。如表 5-12 所示，方差方程的 Levene 检验 $Sig.$ 的值为 0.365＞0.05，因此假设方差相等，由此可知，$Sig.$(2-tailed)＝0.000＜0.01，表明实验班和对照班在阅读方法生成方面存在非常显著的差异，且实验班优于对照班。

表 5-11 阅读方法生成后测统计量

	班级	N	均值	标准差	均值的标准误
阅读方法生成	五(1)班	28	22.142 9	1.580 30	0.298 65
	五(2)班	38	20.315 8	1.987 87	0.322 48

表 5-12 阅读方法生成后测独立样本 t 检验

		方差方程的 Levene 检验		均值方程的 t 检验				
		F	$Sig.$	t	df	$Sig.$（双侧）	均值差值	标准误差值
阅读方法生成	假设方差相等	0.833	0.365	4.015	64	0.000	1.827 07	0.455 04
	假设方差不相等			4.157	63.587	0.000	1.827 07	0.439 52

(二)记录方法生成后测

如表 5-13 所示，五(1)班的均值为 25.464 3，五(2)班的均值为 24.394 7，即实验班学生的记录方法生成水平略高于对照班学生的记录方法生成水平。如表 5-14 所示，方差方程的 Levene 检验 $Sig.$ 的值为 0.514＞0.05，因此假设方差相等，由此可知，$Sig.$(2-tailed)＝0.049＜0.05，表明实验班和对照班在记录方法生成方面存在显著差异，且实验班优于对照班。

表 5-13 记录方法生成后测统计量

	班级	N	均值	标准差	均值的标准误
记录方法生成	五(1)班	28	25.464 3	1.990 39	0.376 15
	五(2)班	38	24.394 7	2.248 60	0.364 77

表 5-14　记录方法生成后测独立样本 t 检验

		方差方程的Levene 检验		均值方程的 t 检验				
		F	$Sig.$	t	df	$Sig.$（双侧）	均值差值	标准误差值
记录方法生成	假设方差相等	0.431	0.514	2.003	64	0.049	1.069 55	0.533 85
	假设方差不相等			2.041	61.786	0.046	1.069 55	0.523 97

　　与此同时，在生成课堂教学中，学生生成的作品和成果均在教学平台记录并保留，如学生在电子书中所做的批注、绘制的思维导图等。本研究对实验班学生在生成课堂教学中生成的作品和成果进行统计分析，发现学生在电子书中做批注（如图 5-2 所示）67 处、使用 Popplet Lite 工具绘制思维导图 26 个，表明学生在阅读中能够有效使用批注、思维导图等功能，因此说明小学语文阅读方法生成课堂模式能够有效促进记录方法生成。

图 5-2　电子书批注截图

(三)总结方法生成后测

　　如表 5-15 所示，五(1)班的均值为 16.428 6，五(2)班的均值为 15.500 0，即实验班学生的总结方法生成水平略高于对照班学生的总结方法生成水平。如

表 5-16 所示，方差方程的 Levene 检验 $Sig.$ 的值为 $0.491>0.05$，因此假设方差相等，由此可知，$Sig.$(2-tailed)$=0.043<0.05$，表明实验班和对照班在总结方法生成方面存在显著差异，且实验班优于对照班。

表 5-15　语文总结方法生成后测统计量

	班级	N	均值	标准差	均值的标准误
总结方法生成	五(1)班	28	16.428 6	1.751 79	0.331 06
	五(2)班	38	15.500 0	1.841 71	0.298 76

表 5-16　总结方法生成后测独立样本 t 检验

		方差方程的 Levene 检验		均值方程的 t 检验				
		F	Sig.	t	df	Sig.（双侧）	均值差值	标准误差值
总结方法生成	假设方差相等	0.481	0.491	2.066	64	0.043	0.928 57	0.449 38
	假设方差不相等			2.082	59.897	0.042	0.928 57	0.445 94

与此同时，本研究对教学平台上学生的总结反思和评论与回复进行统计分析，发现共有 56 条总结反思、92 条评论与回复，对其进一步分析，发现学生在阅读中能够自主进行总结反思，因此说明小学语文阅读方法生成课堂模式能够有效促进总结方法生成。

（四）实验班前后测

如表 5-17 所示，实验班的前测平均值为 52.642 9，后测平均值为 64.107 1，即实验班学生的方法生成水平提升。如表 5-18 所示，$Sig.$(2-tailed)$=0.000<0.05$，表明实验班在实验前后的方法生成水平存在非常显著的差异，即实验班在实验后的方法生成水平明显提升。

表 5-17　实验班前后测配对样本统计量

		均值	N	标准差	均值的标准误
方法生成	实验班前测	52.642 9	28	8.718 71	1.647 68
	实验班后测	64.107 1	28	3.984 59	0.753 02

表 5-18 实验班前后测配对样本 *t* 检验

		成对差分					*t*	*df*	*Sig.*（双侧）
		均值	标准差	均值的标准误	差分的 95% 置信区间				
					下限	上限			
方法生成	实验班前测—实验班后测	−11.464 29	9.081 86	1.716 31	−14.985 86	−7.942 71	−6.680	27	0.000

四、 实验结论

通过分析实验数据可发现，与传统教学模式相比，小学语文阅读方法生成课堂模式能够有效促进小学生阅读方法生成、记录方法生成和总结方法生成。

第三节　小学数学问题解决能力生成课堂的评价研究[①]

数学教育的一个重要目标是使学生掌握数学问题解决的有关知识或策略，促使学生能够在迁移情境中运用这些知识解决问题，提高他们的数学问题解决能力。[②] 本研究对小学数学问题解决能力生成课堂模式开展教学实验研究，以检验其在促进小学生数学问题解决能力生成方面的有效性。

一、 实验设计

（一）实验假设的建立

本研究的目的是检验小学数学问题解决能力生成课堂模式的有效性。因此，本研究的实验假设为：小学数学问题解决能力生成课堂模式能够有效促进小学生问题解决能力生成。

---

① 杨阳：《电子书包支持的生成性教学模型构建与应用》，硕士学位论文，广州，华南师范大学，2016。

② Phye, G. D. (2001)，"Problem-solving Instruction and Problem-solving Transfer: the Correspondence Issue"，*Journal of Educational Psychology*，93(1).

(二)实验模式的设计

本研究选择 L 小学作为实验学校,采用单组时间序列设计的准实验研究方法,选取六(4)班为实验对象,共 28 人,男生 12 人,女生 16 人。实验开始前,对实验班学生开展前测,测量学生的问题解决能力水平。在实验过程中进行实验处理。实验结束后,对实验班学生的问题解决能力水平进行后测。具体的实验方法如图 5-3 所示。

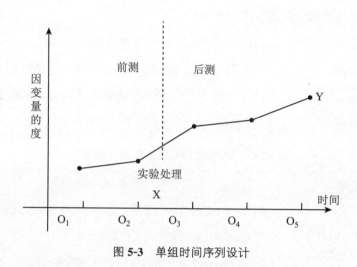

图 5-3 单组时间序列设计

(三)实验内容

本研究与实验学校教师一同协商,选择小学六年级数学《圆的周长》和《正比例与反比例》作为实验内容。

(四)实验变量

实验变量:X=小学数学问题解决能力生成课堂模式的应用

反应变量:Y=学生的问题解决能力生成

Y_1=学生识别相关条件和信息的能力

Y_2=学生提出解决办法的能力

Y_3=学生实施方案的能力

Y_4=学生交流解决问题的能力

Y_5=学生反思的能力

干扰变量：小学生能力的自然成长、电子书包应用的操练程度

(五)测量工具

本研究参考小学数学课程标准的教学目标和内容，结合已有文献，在征求专家和具有丰富教学经验的小学数学教师意见的基础上，编制了小学数学问题解决能力评价量表。量表采用李克特五点量表计分，按照"完全不符合～完全符合"分别计"−2分～2分"，得分越高表示学生能力水平越高，并以量表的总得分来判断学生的数学问题解决能力水平。

小学数学问题解决能力评价量表根据国际学生评价项目(PISA)关于问题解决能力的内涵，结合小学六年级学生的实际情况进行编制，包括识别相关条件和信息的能力、提出解决办法的能力、实施方案的能力、交流解决问题的能力以及反思的能力五个维度。[①] 具体如表 5-19 所示。

表 5-19　小学数学问题解决能力评价量表

维度	描述
识别相关条件和信息的能力	我能够很快根据所给的文字、图片、表格等信息理解问题
	我能够准确找到问题中的关键信息
提出解决办法的能力	遇到难题时，我经常想要先问老师或者其他同学，而不是自己思考
	我经常思考并主动回答老师提出的问题
实施方案的能力	我能够提出解决问题的方法或思路
	我能够使用学过的知识去解决问题
交流解决问题的能力	我能够将解决问题的过程展现出来
	我能够向其他同学讲解我的解题方法
反思的能力	解决问题后，我会去思考是否还有更好的方法

二、 实验过程

(一)实验准备

在实验前期阶段，了解小学六年级学生数学的学习状况和教师当前的授课

---

① Peña-López, I. (2012), PISA 2012 Assessment and Analytical Framework. Mathematics, Reading, Science, Problem Solving and Financial Literacy.

进度。同时，与实验班教师进行沟通交流，让授课教师了解小学数学问题解决能力生成课堂模式的实施过程，并设计相应教学方案。

(二)前测

在进行准实验研究前，本研究通过问卷调查对实验班学生的问题解决能力进行前测，以检验学生的起始水平。

(三)实验实施

本研究采用单组时间序列前后测准实验设计开展。在正常教学中经过一段时间后进行实验处理，采用小学数学问题解决能力生成课堂模式组织教学活动，如图 5-4 所示。

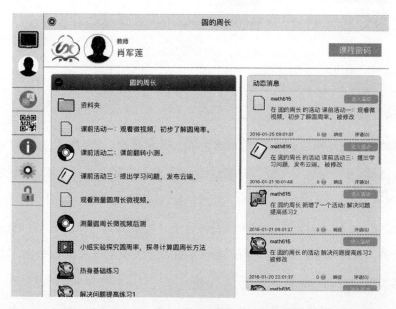

图 5-4 信息技术支持的小学数学问题解决能力生成课堂教学活动设计

教学平台提供了练习检测、及时反馈、视频录制、同学互评等多种功能来支持生成性教学的实施，如图 5-5 所示。教学实践后，教师进行教学反思并提出修改意见，在后续教学中进行调整。实验结束后，对实验班学生进行后测，并对部分学生进行访谈。

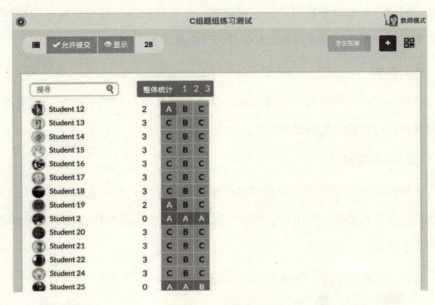

图 5-5　及时反馈截图

三、效果分析

在教学实践结束后，对六(4)班学生发放后测问卷，学生按照自己的实际情况进行选择，从"完全不符合"到"完全符合"，按 -2 分到 2 分计算。"完全不符合"计为 -2 分，"不符合"计为 -1 分，"一般"计为 0 分，"符合"计为 1 分，"完全符合"计为 2 分。根据双向评等量表得分率计算公式 $Fi = \Sigma ajnij/2N$ 进行 F 检验。此外，为深入分析小学数学问题解决能力生成课堂模式的有效性，本研究对参与实验的教师与个别学生进行了访谈。

(一)数学问题解决能力生成结果分析

由表 5-20 可知，学生在问题解决能力方面的各题项后测得分率 Fi 均大于 0.5，且大于前测。表明学生在经过实验处理后，识别相关条件和信息的能力有所提高；提出解决办法的能力虽然有所提高，但相比其他能力还有些不足。此外，学生实施方案的能力、交流解决问题的能力和反思的能力与实验前相比都得到了较大提升。因此说明小学数学问题解决能力生成课堂模式能够有效促进小学生问题解决能力生成。

表 5-20 小学数学问题解决能力前后测结果对比

维度	描述	前测	后测
识别相关条件和信息的能力	我能够很快根据所给的文字、图片、表格等信息理解问题	0.53	0.79
	我能够准确找到问题中的关键信息	0.49	0.78
提出解决办法的能力	遇到难题时，我经常想要先问老师或者其他同学，而不是自己思考	0.39	0.68
	我经常思考并主动回答老师提出的问题	0.43	0.71
实施方案的能力	我能够提出解决问题的方法或思路	0.43	0.74
	我能够使用学过的知识去解决问题	0.54	0.83
交流解决问题的能力	我能够将解决问题的过程展现出来	0.51	0.77
	我能够向其他同学讲解我的解题方法	0.47	0.77
反思的能力	解决问题后，我会去思考是否还有更好的方法	0.31	0.75

(二)访谈结果分析

本研究主要围绕小学数学问题解决能力生成课堂模式的实施效果和学生能力发展情况对教师进行访谈。从访谈中得知，学生在经历教学实验后能够更主动地参与互动，从而提升发现问题、提出问题的能力和表达交流的能力等。

肖老师：在应用小学数学问题解决能力生成课堂模式开展教学后，学生的学习兴趣提高了很多，在课堂中表现很活跃，交流和互动也非常有效，能够积极地提出问题，也会通过教学平台对其他同学的回答进行评价或者打分。我通过查看教学平台上学生的学习情况发现学生存在的问题，然后有针对性地辅导或者是组织学生一起进行探讨，我和学生都有很大的收获。在日常的观察中，我也感受到学生表达交流能力在不断提高，学生得到了比较全面的发展。

本研究主要围绕学生对应用小学数学问题解决能力生成课堂模式开展教学的态度和其能力提升效果进行访谈。从访谈中得知，学生普遍接受应用小学数学问题解决能力生成课堂模式开展的教学活动，更喜欢民主、轻松的课堂氛围，更积极主动参与课堂互动。同时，学生能够将课堂所学的知识与实际生活联系起来，使得解决问题的能力、总结反思的能力均得到了发展。

学生甲：我很喜欢肖老师给我们上课，感觉很轻松、很开心。在课堂上，我们经常进行小组讨论，我很愿意参与到小组活动中去。我也喜欢在教学平台上看其他同学的作品，能让我学习到别人的优点，然后思考如何让自己的作品更好。

学生乙：以前上课做练习时，我总是很快做完，然后就没事情了。现在通过教学平台，我能够去看其他同学的解题过程，相互学习。我在课后会通过教学平台帮助其他同学，也会通过教学平台把自己的新想法发表出来。我觉得自己得到了很大提升。

四、 实验结论

通过分析实验数据可发现，与传统教学模式相比，小学数学问题解决能力生成课堂模式能够有效促进小学生问题解决能力生成。

第四节 小学科学探究能力生成课堂的评价研究[①]

科学学习要以探究为核心，但由于科学探究的复杂抽象性，探究过程流于形式、探究活动开展无序等问题普遍存在。本研究针对当前小学科学探究课堂中存在的问题，在对小学科学探究过程及其可视化进行理论分析的基础上开发科学探究可视化软件，并将其运用于实际教学中，开展实验研究，以检验其在促进小学生科学探究能力生成方面的有效性。

一、 实验设计

(一)实验假设的建立

本研究的目的是检验在小学科学实验探究教学中，采用科学探究可视化软件开展科学探究教学与传统的课堂教学效果的差异。因此，本研究的实验假设为：在小学科学实验探究教学中，采用科学探究可视化软件开展科学探究教学比传统的课堂教学能更好地提高学生的科学知识水平，更有效地培养学生的科学探究能力和科学情感态度与价值观。

---

① 倪妙珊：《小学科学探究过程的可视化研究》，硕士学位论文，广州，华南师范大学，2016。

(二)实验模式的设计

本研究选择 L 小学作为实验学校，采用不相等实验组、控制组前后测准实验设计开展，随机选取能力水平相近的两个自然班开展实验。以六(4)班为实验班，共 26 人；以六(2)班为对照班，共 30 人。对实验班和对照班同时开展前测，测量学生的科学探究能力，分别记为 R_1 和 R_2。实验班学生进行实验处理，即采用科学探究可视化软件开展科学探究活动；对照班学生不进行实验处理。实验结束后，对两个班学生的科学探究能力进行后测，分别记为 R_3 和 R_4。具体情况如表 5-21 所示。

表 5-21　准实验研究设计

课型	同时前测		被试分组	实验处理	同时后测
实验探究课	R_1	$R_1 \approx R_2$	实验班 六(4)班	接受	R_3
	R_2		对照班 六(2)班	不接受	R_4

(三)实验内容

本研究与实验学校教师一同协商，选择小学六年级科学《斜面的作用》和《形状与抗弯曲能力》作为实验内容。

(四)实验变量

实验变量：X＝可视化的科学探究方式的应用

反应变量：Y＝教学效果

Y_1＝科学知识水平

Y_2＝科学探究能力

Y_3＝科学情感态度与价值观

干扰变量：由于时间的延续所引起的学生科学知识水平、科学探究能力的增长

(五)测量工具

本研究参考小学科学课程标准的教学目标和内容，结合已有文献，在征求专家和具有丰富教学经验的小学科学教师意见的基础上，编制了小学科学探究能力评价量表和科学情感态度与价值观评价量表，以各量表的总得分来判断学生的科

学探究能力水平和科学情感态度与价值观。量表均采用李克特五点量表计分，按照"非常同意～非常不同意"分别计"5 分～1 分"，具体如表 5-22 和表 5-23 所示。同时编制科学知识测试题，以测试得分来判断学生的科学知识水平。

表 5-22　小学科学探究能力评价量表

评价维度	题项
认识科学探究	知道什么是科学探究活动
	了解科学实验的基本过程
提出问题	能从老师给定的情境或任务中提出问题
猜想与假设	能依据已有科学知识、经验、直觉对探究的问题和可能出现的结果作出猜想和假设
制订计划	能根据自己的猜想和假设选择相关信息，如： 哪些条件是要改变或不改变的？ 将会出现哪些反应？应该收集哪些数据？
	能提出进行科学探究活动的大致思路
信息收集	能正确记录实验过程/数据
解释与结论	能根据收集的证据(数据)对有关的现象作出合理的解释或进行简单的因果推理
	能分析探究过程，初步得出探究结果
反思与评价	能反思自己的探究过程，发现自己的优点和不足
	能提出需要进一步解决的问题
表达与交流	交流探究结果时思路清晰、表达准确，能正确运用科学术语

表 5-23　科学情感态度与价值观评价量表

评价维度	题项
兴趣与好奇心	从生活中和老师给定的任务中能发现有趣的问题，并乐于尝试
	想去了解自然中各种现象产生的原因
尊重事实	认识到记录实验数据很重要，科学要用事实说话
怀疑与批判	科学和技术并不总是好的，也给社会带来了很多负面影响
	当研究结论和老师不同时，会及时提出并讨论
平等与合作	当有不明白的地方时，会寻求协助并提出问题
	尽力协助组员，尊重组员的想法
	喜欢和同学合作完成实验
	小组讨论时，积极提出自己的意见与想法

二、 实验过程

（一）实验准备

实验开始前，与实验班教师充分沟通交流，让授课教师了解小学科学探究过程可视化的理念与实施要点，根据教学大纲选取典型的科学实验探究内容，并设计相应教学方案。

（二）前测

为保证参与准实验研究的实验对象原有水平相似，本研究采用问卷调查法和纸笔测验法，对实验班六（4）班和对照班六（2）班学生进行前测，分析学生在科学知识水平、科学探究能力、科学情感态度与价值观三方面的起始水平是否具有显著差异。具体分析情况如表 5-24 和表 5-25 所示。

表 5-24　实验班对照班前测总体情况

	班级	N	均值	标准差	均值的标准误
科学知识水平	六（2）班	30	87.633	3.586	0.655
	六（4）班	26	88.231	2.819	0.553
科学探究能力	六（2）班	30	31.283	3.041	0.555
	六（4）班	26	32.641	3.539	0.694
科学情感态度与价值观	六（2）班	30	30.458	4.659	0.851
	六（4）班	26	32.083	3.711	0.728

表 5-25　实验班对照班前测独立样本 t 检验

		方差方程的 Levene 检验		均值方程的 t 检验				
		F	$Sig.$	t	df	$Sig.$（双侧）	均值差值	标准误差值
科学知识水平	假设方差相等	2.646	0.110	−0.685	54	0.496	−0.597	0.872
	假设方差不相等			−0.697	53.528	0.489	−0.597	0.857

		方差方程的 Levene 检验		均值方程的 t 检验				
		F	$Sig.$	t	df	$Sig.$（双侧）	均值差值	标准误差值
科学探究能力	假设方差相等	0.098	0.755	−1.545	54	0.128	−1.358	0.879
	假设方差不相等			−1.528	49.697	0.133	−1.358	0.889
科学情感态度与价值观	假设方差相等	0.829	0.367	−1.427	54	0.159	−1.624	1.138
	假设方差不相等			−1.451	53.650	0.153	−1.624	1.120

由表 5-24 可知，实验班学生的科学知识水平、科学探究能力和科学情感态度与价值观的均值均高于对照班学生。由表 5-25 可知，方差方程的 Levene 检验 $Sig.$ 的值均大于 0.05，因此假设方差相等，由此可知，$Sig.$（2-tailed）的值均大于 0.05，因此他们在科学知识水平、科学探究能力和科学情感态度与价值观三方面均不存在显著差异。

（三）实验实施

在教学实施的过程中，本研究采用不相等实验组、控制组前后测的准实验研究方法。六（4）班采用可视化科学探究方法开展教学，六（2）班则采用传统科学探究方法开展教学。

三、效果分析

在教学实践结束后，本研究运用所设计的评价量表对实验班学生和对照班学生进行后测，测量的内容包括学生的科学知识水平、科学探究能力、科学情感态度与价值观，并采用独立样本 t 检验分析实验班和对照班是否存在显著差异。结果如表 5-26 和表 5-27 所示。

表 5-26 实验班对照班后测总体情况

	班级	N	均值	标准差	均值的标准误
科学知识水平	六(2)班	30	36.740	1.431	0.261
	六(4)班	26	38.446	1.006	0.197
科学探究能力	六(2)班	30	35.100	2.578	0.471
	六(4)班	26	38.692	2.811	0.551
科学情感态度与价值观	六(2)班	30	32.967	3.146	0.574
	六(4)班	26	35.731	2.864	0.562

表 5-27 实验班对照班后测独立样本 t 检验

		方差方程的 Levene 检验		均值方程的 t 检验				
		F	$Sig.$	t	df	$Sig.$（双侧）	均值差值	标准误差值
科学知识水平	假设方差相等	1.862	0.178	-5.085	54	0.000	-1.706	0.336
	假设方差不相等			-5.212	51.913	0.000	-1.706	0.327
科学探究能力	假设方差相等	0.093	0.762	-3.417	54	0.001	-2.764	0.809
	假设方差不相等			-3.441	53.854	0.001	-2.764	0.803
科学情感态度与价值观	假设方差相等	0.176	0.676	-4.987	54	0.000	-3.592	0.720
	假设方差不相等			-4.956	51.252	0.000	-3.592	0.725

在科学知识水平方面，由表 5-26 可知，实验班六(4)班后测均值为 38.446，对照班六(2)班后测均值为 36.740，表明实验班学生科学知识水平高于对照班学生科学知识水平。由表 5-27 可知，方差方程的 Levene 检验 $Sig.$ 的值为 0.178＞0.05，因此假设方差相等，由此可知，$Sig.$ (2-tailed)＝0.000＜0.01，表明实验班和对照班在科学知识水平上存在非常显著的差异，且实验班优于对

照班。

在科学探究能力方面，由表 5-26 可知，实验班六(4)班后测均值为 38.692，对照班六(2)班后测均值为 35.100，表明实验班学生科学探究能力高于对照班学生科学探究能力。由表 5-27 可知，方差方程的 Levene 检验 $Sig.$ 的值为 $0.762>0.05$，因此假设方差相等，由此可知，$Sig.$(2-tailed)$=0.001<0.01$，表明实验班和对照班在科学探究能力上存在非常显著的差异，且实验班优于对照班。

在科学情感态度与价值观方面，由表 5-26 可知，实验班六(4)班后测均值为 35.731，对照班六(2)班后测均值为 32.967，表明实验班学生科学情感态度与价值观高于对照班学生科学情感态度与价值观。由表 5-27 可知，方差方程的 Levene 检验 $Sig.$ 的值为 $0.676>0.05$，因此假设方差相等，由此可知，$Sig.$(2-tailed)$=0.000<0.01$，表明实验班和对照班在科学情感态度与价值观上存在非常显著的差异，且实验班优于对照班。

四、 实验结论

通过分析实验数据可发现，与采用传统科学探究方法开展教学相比，采用可视化科学探究方法开展教学能更好地提高学生的科学知识水平、更有效地培养学生的科学探究能力和科学情感态度与价值观。

【本章小结】

本章构建了生成课堂的评价指标体系，阐述了典型评价指标体系的构建过程，并以小学语文阅读方法生成课堂的评价研究、小学数学问题解决能力生成课堂的评价研究和小学科学探究能力生成课堂的评价研究为例介绍了生成课堂的评价指标体系的具体应用。要点如下。

1. 生成课堂的评价指标体系

生成课堂以教学目标的实现和附加价值的生成程度作为评价标准，其评价指标包括理念与目标、设计与实施、效果与特色三个方面，具体包括价值导向、教学理念、教学目标、教学内容、交互活动、教学资源、信息技术应用、目标达成、评价方式。

2. 小学语文阅读方法生成课堂的评价研究

小学语文阅读方法生成课堂评价量表包括阅读方法、记录方法和总结方法三个方面。我们面向实验学校开展语文阅读方法生成课堂教学实践，基于准实验研究，依托小学语文阅读方法生成课堂评价量表，验证了生成课堂教学能够有效促进小学生语文阅读方法生成。

3. 小学数学问题解决能力生成课堂的评价研究

小学数学问题解决能力生成课堂评价量表包括识别相关条件和信息的能力、提出解决办法的能力、实施方案的能力、交流解决问题的能力和反思的能力五个方面。我们面向实验学校开展数学问题解决能力生成课堂教学实践，基于准实验研究，依托小学数学问题解决能力生成课堂评价量表，验证了生成课堂教学能够有效促进小学生数学问题解决能力生成。

4. 小学科学探究能力生成课堂的评价研究

小学科学探究能力生成课堂评价量表包括科学知识水平、科学探究能力和科学情感态度与价值观三个方面。我们面向实验学校开展科学探究能力生成课堂教学实践，基于准实验研究，依托小学科学探究能力生成课堂评价量表和相关可视化工具，验证了基于可视化工具的生成课堂教学能够有效促进小学生科学探究能力生成。

第六章

生成课堂的教师胜任力

⊙ 内容结构

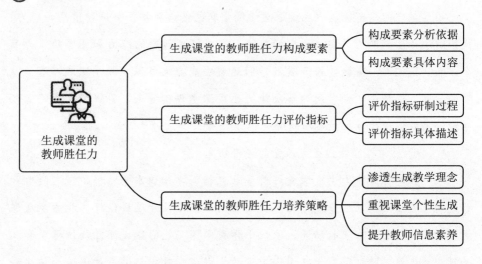

随着"互联网＋"教育逐渐成为主流，生成课堂模式的研究与实践也越来越受到重视。而当下教师对生成性教学的认识不够，导致生成性教学实践的效果不佳。因此，探索生成课堂的教师胜任力评价指标既符合目前教育内涵发展的现实需求，也可为一线教师开展生成性教学实践提供重要参考。基于此，本章结合相关文献研究和实践调研，归纳生成课堂的教师胜任力构成要素，构建生成课堂的教师胜任力评价指标，并在分析生成性教学实践现状和问题的基础上有针对性地提出生成课堂的教师胜任力培养策略。

第一节　生成课堂的教师胜任力构成要素[①]

胜任力是指在某一组织中，将表现卓越者与表现一般者区分开来的个人潜

----

① 赖慧语：《生成课堂教师胜任力构建研究》，硕士学位论文，广州，华南师范大学，2020。

在特征。[①] 分析生成课堂的教师胜任力构成要素，是构建生成课堂的教师胜任力评价指标的前提，对提升教师生成性教学能力和促进教师专业发展具有重要的引导意义。

一、　构成要素分析依据

(一)教学设计理论

教师教学胜任力是教师胜任课堂教学的能力，它与教学紧密相关，必然受到教学活动的影响。而教师在教育教学中十分重要的一项活动即开展教学设计。因此，分析生成课堂的教师胜任力构成要素要以教学设计理论为依据。

教学设计是应用系统方法分析、研究教学的问题和需求，确定解决它们的教学策略、教学方法和教学步骤，并对教学结果作出评价的一种计划过程与操作程序。[②] 它囊括课前、课中乃至课后，贯穿整个教学实践，是教学活动顺利开展的保障。

教学设计理论发展至今，形成了许多经典的模型或模式，ADDIE 模型(见图 6-1)就是其中之一。ADDIE 由分析(Analysis)、设计(Design)、开发(Development)、实施(Implementation)和评估(Evaluation)五个教学设计环节的首字母组成。其中，分析是指在课前对教学目标、学情、教学内容和教学环境

图 6-1　ADDIE 模型

---

①　McClelland, D. C. (1973), "Testing for Competence Rather Than for Intelligence", *American Psychologist*, 28(1).

②　谢幼如：《教学设计原理与方法》，3—4 页，北京，高等教育出版社，2016。

等要素进行剖析；设计是指对教学活动进行具体规划；开发是指根据教学活动的设计准备相应的教学资源与工具；实施是指执行设计好的教学活动；评估是指依据一定的指标对所开展的教学活动的效果进行检验。

以 ADDIE 模型为代表的教学设计理论蕴含了教师开展教学活动的具体内容和流程，在一定程度上体现了对教师教学能力的要求，因此对我们所要构建的生成课堂的教师胜任力评价指标具有从"一般"到"特殊"的启示，能够为分析生成课堂的教师胜任力构成要素提供维度框架参考，即教师应具备教学分析、教学设计、教学开发、教学实施与教学评估等教学能力。同时，在信息化时代，融合信息技术的教学设计也逐步成为教师的必备教学能力之一。因此，在确定生成课堂的教师胜任力构成要素时，也应充分考虑教师对信息技术与教育教学的融合能力。

(二)教师教学能力

新时代背景下的教师胜任力是教师教学能力的新发展，属于教师教学能力的一种。万变不离其宗，探究生成课堂的教师胜任力构成要素应溯源到传统的教师教学能力。

《教育大辞典》认为，教学能力是指教师为达到教学目标、顺利从事教学活动所表现的一种行为特征。其由一般能力和特殊能力组成。一般能力指教学活动中所表现的认识能力，特殊能力指教师从事具体教学活动的专门能力。总体而言，教师教学能力是教师胜任课堂教学的能力。

目前，已有很多研究从不同维度分析了教师教学能力的构成要素，为我们确定生成课堂的教师胜任力构成要素提供了规范和依据。以北京师范大学申继亮教授的教学能力结构模式(见图 6-2)为例，该模式认为教师教学能力包含从一般到特殊的三层次能力，分别是教学能力的智力基础、一般教学能力和具体学科教学能力。其中，最为核心的是对一般教学能力的定义。该研究以教学活动为分类依据，将一般教学能力归纳为教学认知能力、教学操作能力与教学监控能力三种。其中，教学认知能力主要是从教师教学准备的角度出发，将教师的学情分析、教材分析能力囊括其中；教学操作能力主要指教师在教学过程中的运筹帷幄能力；教学监控能力则主要指教师在教学过程中的管理与调节能力。

在确定生成课堂的教师胜任力构成要素时，可充分考虑这三个内容。

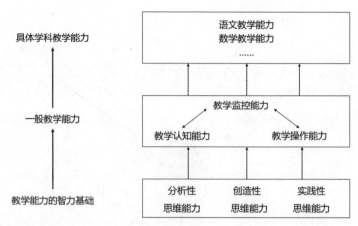

图 6-2 教学能力结构模式

通过对教师教学能力结构的相关研究进行梳理，发现在传统教育理念和教师专业发展理念的指导下，现有的主流研究认为典型的教师教学能力结构主要应包括对教学的认知及设计、组织及实施、评价反思等要素。这将为我们归纳生成课堂的教师胜任力构成要素提供有力的依据。

(三)教师信息技术应用能力

随着时代的不断进步，新一轮的技术革命席卷全球，教育领域也呈现出信息化发展的新动向，数字教育、智慧教育、"互联网＋"教育等新概念改变了传统的教育教学形式。因此，探究生成课堂的教师胜任力构成要素要充分考虑教师信息技术应用能力。

随着信息技术与教育教学融合的不断深入，国内外相继出台关于教师信息技术应用或信息素养的相关标准与要求。就国外而言，2005 年，美国学者科勒(Koehler)和米什拉(Mishra)观察到信息技术对教师教育教学的影响，在 PCK 模式的基础上提出了 TPACK(Technological Pedagogical Content Knowledge)模式(见图 6-3)，主要内容包括技术知识、教学法知识、学科内容知识、整合技术的教学法知识、学科教学知识、整合技术的学科内容知识和整合技术的学科教学知识。

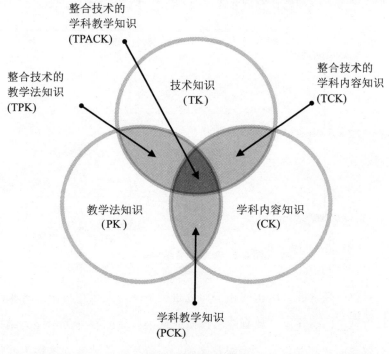

图 6-3　TPACK 模式

　　美国国际教育技术协会（ISTE）2008 年发布《美国国家教师教育技术标准》，2017 年再次发布《美国国家教师教育技术标准》。新的《美国国家教师教育技术标准》从赋能专业发展与促进学生发展两个发展范畴，对教师角色从学习者、领导者、公民、协作者、设计者、促进者、分析者等角度进行职能标准的规范。2011 年联合国教科文组织发布了《教师 ICT 胜任力框架》（ICT－CFT），从六大能力、三个阶段来解读教师采用信息与通信技术辅助教学的能力标准。六大能力为理解教育中的 ICT、课程与评估、教学法、ICT、组织与管理和教师专业学习，三个阶段为技术素养、知识深化与知识创造，共 18 个能力指标。2017 年欧盟颁布《欧盟教师数字胜任力框架》，指出教师胜任数字化教学应该掌握六个能力域，分别为专业化参与域、数字化资源域、教学和学习域、评价域、赋能学习者域和促进学习者的数字胜任力域，内含 22 个指标，主要包括教师应用信息技术开展交互、运用资源、协调教学、加强评价、完善教学策略和提升学生信息素养等方面的能力。

　　就国内而言，2004 年教育部出台《中小学教师教育技术能力标准（试行）》。

"十二五"期间，教育部颁布的《教育信息化十年发展规划(2011—2020 年)》明确提出"提高教师应用信息技术水平"，"建立和完善各级各类教师教育技术能力标准"，并开展"全国中小学教师信息技术应用能力提升工程"，要求充分利用"三通两平台"提升教师信息技术应用能力。2014 年教育部出台《中小学教师信息技术应用能力标准(试行)》，该能力标准从学习与教学的两个维度、课前到课后的五个阶段对中小学教师的信息技术应用能力设置了十条标准。两个维度分别为应用信息技术优化课堂教学和应用信息技术转变学习方式，五个阶段分别为技术素养、计划与准备、组织与管理、评估与诊断以及学习与发展。整个能力标准表述简洁明了，方便中小学教师理解与操作，有利于提升中小学教师的信息化教学能力和信息技术与教育教学的深度融合能力。

各国陆续出台并不断更新教师信息技术应用能力或信息素养的标准或要求，在一定程度上证明了世界范围内对教师信息化教学能力的重视。通过分析各国及各学者对教师信息化教学能力的研究，发现提及频率较高的是信息化的教学设计、实施、评价、协作和意识等内容，这也为我们确定生成课堂的教师胜任力构成要素的维度框架提供了依据。

(四)教师生成课堂教学调研

生成课堂的教师胜任力是教师在实施生成教学过程中体现的一种综合性教学能力，要深入剖析其构成要素，还需要参考一线教师的现实需求。因此，我们采用行为事件访谈法，对具有生成性教学经历的一线教师开展了关于生成课堂的教师胜任力构成要素的调查研究。经过分析发现，被访谈者共提到 11 个与能力要素相关的项目，频率统计如表 6-1 所示。

表 6-1 教师访谈要素分析

项目	频次	比例
师生交流互动的能力	8	80%
应对课堂生成的能力	8	80%
利用生成资源的能力	7	70%
设计教学方案的能力	6	60%
利用信息技术的能力	6	60%
课后反思的能力	6	60%

项目	频次	比例
调整教学内容的能力	5	50%
创设探究性教学情境的能力	4	40%
优化教学方法的能力	4	40%
评价教学的能力	3	30%
教育理论学习的能力	2	20%

通过数据可知，一线教师对生成课堂的教师胜任力构成要素剖析得更为具体翔实。有 7 个项目关注度达到或超过 50%，提及较多的是师生交流互动、应对课堂生成与利用生成资源的能力，表明教师在教学中比较注重这三方面的能力。其后依次为设计教学方案、利用信息技术、课后反思、调整教学内容、创设探究性教学情境与优化教学方法的能力，表明教师对这些方面的能力比较认同。提及较少的是评价教学与教育理论学习的能力，表明教师对这两方面的能力不够关注。

对一线教师调研的结果能够为我们确定生成课堂的教师胜任力构成要素提供重要参考。在要素确定过程中，我们将综合考虑教师们所提及的各项要素。

二、 构成要素具体内容

结合文献研究与实践调研，我们初步归纳出了生成课堂的教师胜任力构成要素，主要包括弹性的教学设计能力、适切的技术融合能力、灵活的教学实施能力、多维的评价反思能力和渐进的教学创新能力。具体内容如图 6-4 所示。

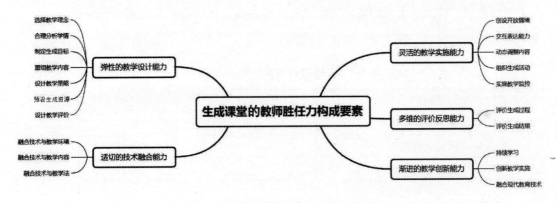

图 6-4　生成课堂的教师胜任力构成要素

(一)弹性的教学设计能力

生成课堂的教师胜任力首先要求教师具备弹性的教学设计能力。它指教师在课前的教学设计应是弹性的，具备生成的特征。教学设计是所有教师开展教学活动的第一步，是任何教学中都必不可少的重要一环，它作为连接教学理论与教学实践的桥梁，对教学活动的开展具有重要作用。因此教师首先应该重视教学设计的能力。生成性教学的动态生成特性强调了其需要尊重学生在课上的自由发展，因此教师的教学设计应是弹性的。所谓弹性是指教师在设计教学方案时应设计一定的"留白"空间，为课堂的生成留出动态开放的时间与空间，预设好能够随着学生的即兴生成而不断调整的教学过程与内容，以供教师应对。具体而言，落实在以下方面：选择教学理念、合理分析学情、制定生成目标、重组教学内容、设计教学策略、预设生成资源、设计教学评价。

1.选择教学理念

教师应掌握生成性教学和个性化教学等新型教学理念，能够结合教学内容和学情分析等具体情况选用合适的教学理念进行教学。

2.合理分析学情

教师能够充分利用信息技术，通过推送课前测试等方式分析学生的基本学情，然后根据学情开展有针对性的教学设计。

3.制定生成目标

教师能够根据教学需要制定生成性教学总目标，然后将其分解为知识生成、能力生成、情感生成等具体目标，并能够运用信息技术分析、可视化教学目标。

4.重组教学内容

教师能够结合生成性教学特点预设学生的个性生成，解读及重组教学内容，根据教学内容确定教学重点难点，同时根据学生的个性生成情况灵活调节教学内容。

5.设计教学策略

教师应有效融合信息技术预设生成性活动中的教学策略，满足生成性教学对教学策略的灵活性的要求。

6. 预设生成资源

教师能够在解读教学内容的基础上提前预设课堂生成资源，预设学生在生成过程中可能出现的发展方向，准备应对学生生成的相关问题。

7. 设计教学评价

教师能够借助信息技术设计多样化的教学评价，拟定多主体、多维度的评价方式，例如组织师生和生生互评、建立学生电子档案袋、实施形成性评价等。

(二)适切的技术融合能力

适切的技术融合能力是指教师能够在整个教学中灵活运用信息技术，将信息技术融入生成性教学实践，它是生成课堂的教师胜任力的重要因素。教学实践中，学生的学习路径和个性化生成产物是十分宝贵的生成资源，传统的教学环境很难对这些过程性资源进行捕捉和记录，而大数据、物联网等新型信息技术可以为生成性教学创造良好技术环境，提供教学平台和工具，巧妙地解决以上问题。教师要胜任生成性教学，需要具备适切的技术融合能力，真正融合创新使用信息技术，将信息技术与教学环境、教学内容、教学法进行深度融合，而不是让技术的应用仅仅浮于表面。

1. 融合技术与教学环境

教师能够根据教学需要选择相应的信息技术，搜索、选择、利用、开发和共享生成性教学所需的资源和工具，设置信息化的教学环境。

2. 融合技术与教学内容

教师能够利用可视化信息技术将教学内容分解重构，可视化教学目标、内容和教学重点难点，帮助学生更好地学习，并为生成性资源提供存储平台。

3. 融合技术与教学法

教师能够依托信息技术变革传统教学方法，运用信息技术辅助生成性教学设计和实施，从而提升教学效果。

(三)灵活的教学实施能力

生成课堂教学对教师的教学实施能力提出了更高的要求，灵活的教学实施能力是指教师在教学实施的过程中能够具备应对学生生成情况而迅速调整教学内容和教学方法等方面的能力。区别于传统教学，生成性教学重视学生的学习过程，要求教师重视学生在知识习得过程中的动态生成。学生是在与外界的不断交互中通过思考、探索习得知识技能的，这些思考在课堂中的体现可能是个性化的、天马行空的，这就需要教师尊重学生的想法并及时实施行之有效的调控，具体到教学中则体现为创设开放情境、交互表达能力、动态调整内容、组织生成活动、实施教学监控。

1. 创设开放情境

教师能够根据生成性教学需要创设开放式的教学情境，设置探究式的问题情境，营造轻松、民主的教学氛围，激发学生生成性学习的积极性。

2. 交互表达能力

教师应具备良好的语言与非语言表达能力，在课堂中通过对话、指导和协调等方式与学生有效交互，启发学生思考，引导学生自主生成知识与技能。

3. 动态调整内容

教师能够根据生成性教学目标以及学生动态生成情况动态调整教学内容，依托信息技术记录学生的开放性生成资源，有针对性地加以利用，收获附加价值。

4. 组织生成活动

教师能够借助相关信息技术组织生成活动，识别、捕捉、利用、评价、引导和开发生成性资源，灵活运用多样的教学手段应对预设内与预设外的生成。

5. 实施教学监控

教师能够对课堂进行有效的组织管理与控制调节，把控教学环境，掌握和调整学生的学习状态，灵活处理突发事件。

(四)多维的评价反思能力

评价反思能力是生成课堂的教师胜任力必不可少的一部分。生成课堂教学要求教师的评价反思是多维的，能够借助相关信息技术从多个维度开展精准化、个性化的评价。评价反思是生成课堂教学的重要环节。生成课堂教学中会积累大量的问题、观点和作品等生成性资源，如果不及时开展教学评价反思，那么学生的生成过程和生成结果很容易被一带而过，从而使得生成性教学浮于表面。针对生成性教学的个性化特征，教师的评价反思也应是多元的、多维的和多主体的。具体落实在实践中，评价反思可以分为评价生成过程与评价生成结果。

1. 评价生成过程

教师能借助一定的信息技术手段反思教学设计、教学实践等生成性教学过程，例如是否处理好预设与生成、教学设计与实践是否存在问题、是否融合创新使用信息技术。

2. 评价生成结果

教师能采用多元评价方法，将定性评价与定量评价、形成性评价与总结性评价、自评与互评等多种方式结合，对标生成性教学目标评价生成性教学效果。

(五)渐进的教学创新能力

生成课堂中，教师的教学创新能力应是渐进的。教师要在教学中不断学习和研究，提升自身的生成性教学理论水平和信息技术应用能力，并不断在一线教学中实践和创新。生成课堂教学是互联网时代背景下的一种新兴的教学模式，教师要胜任这种教学模式，就需要不断学习与创新，掌握新兴的教育理论，紧跟时代步伐，熟练操作各种新兴的教育技术。具体而言，体现在以下方面：持续学习、创新教学实施、融合现代教育技术。

1. 持续学习

教师能持续主动学习新兴的教学理念，了解生成性教学领域前沿动态，熟悉各种新兴的教育技术的使用，掌握各种科学的教学理论，并在实践中检验与发展新理论。

2. 创新教学实施

教师应具备对教学内容、资源、策略、流程和评价进行创新的能力，能在实践中创新发展生成课堂教学。

3. 融合现代教育技术

教师能够在实践中不断发现问题，创新使用现代教育技术改进教学，以突破生成性教学中的重点难点、提升教学效果。

第二节 生成课堂的教师胜任力评价指标[①]

在初步提炼出生成课堂的教师胜任力构成要素的基础上，针对要素数量较多且之间存在意思相似与交叉的问题，我们进一步采用德尔菲法对初步构建的要素进行两轮专家意见征询，通过收集并分析专家反馈的意见修订和完善构成要素，并根据数据分析计算各要素权重，以研制出最终的生成课堂的教师胜任力评价指标。

一、 评价指标研制过程

(一)第一次专家咨询

1. 确定咨询专家

我们聚焦于生成课堂的教师胜任力，对具有相应知识积累和实践经验的专家进行调研。据此，我们选定了 22 位调研对象，分别为 13 位一线教师、3 位教研专家、4 位高校专家以及 2 位网络技术专家。其中，13 位一线教师均有十年以上的教龄，长期参与生成性教学实践与研究，具备丰富的教学实践经验；3 位教研专家均有二十年以上的教龄，长期从事教育信息化教研工作；4 位高校专家均从事教师教育与教育信息化研究，在本领域具有深厚的理论基础；2 位网络技术专家任职于教育系统信息中心，熟悉相关信息技术的具体操作。

2. 制定与收发专家咨询问卷

为了保证所构建的生成课堂的教师胜任力评价指标的科学性，我们拟从以下 4 个方面制定专家咨询问卷，对初步确定的生成课堂的教师胜任力的 5 项一级要素指标、20 项二级要素指标及其具体描述展开专家咨询，请专家从理论与实践角度分析并提出意见。

第一，要素指标项的划分是否科学。

第二，要素指标项是否完整无缺漏。

---

① 赖慧语：《生成课堂教师胜任力构建研究》，硕士学位论文，广州，华南师范大学，2020。

第三，各要素指标项的重要程度。

第四，要素指标项的描述是否准确。

综合 4 个方面的调研目标，我们在初步确定的要素指标的基础上编制了调查量表，选取部分专家对量表进行修订并检验信度，形成了《生成课堂的教师胜任力构成要素咨询(第一次专家咨询)》。该调查量表旨在以量化方式调查各专家对初步确定的生成课堂的教师胜任力构成要素的必要性与重要性的相关意见，以半开放性问卷收集专家对各要素指标项及其表述科学性的建议，从而对各要素指标项及其表述进行调整。该调查量表主要采用李克特五点量表进行调整而制成，被咨询专家需要分别对一级指标及二级指标进行评判，对每项能力指标从非常重要、比较重要、一般重要、不重要到特别不重要分别记为 5 分、4 分、3分、2 分和 1 分，并提出意见与建议。量表信度检验标准化 Cronbach's α 系数为 0.836，大于 0.8，可认为条目之间的一致性较好，具有较好的信度。

通过发放纸质问卷与电子邮件的方式向 22 位专家开展咨询，共回收 22 份问卷，其中有效问卷 17 份，问卷回收率 100%，专家参与积极度 17/22≈77%。

3. 数据分析

生成课堂的教师胜任力构成要素指标由 5 项一级指标与 20 项二级指标构成，分析专家咨询反馈数据的关键在于分析指标的必要度及专家意见集中程度。在具体分析之前，首先介绍处理数据的依据和方法。

依据调查问卷的五度量尺形式，指标的必要度与平均值(M)、标准差(SD)、变异系数(CV)有关，平均值越大、标准差越小、变异系数越小，则说明该指标的重要程度越大。需要注意的是，当专家对某一指标的认可度较低时，标准差也小，因此在分析数据时需要结合具体数据作判断，不能完全依靠标准差判断某一指标的重要性，比较平均值也十分重要。

专家意见的集中程度可以通过满分率(K)、众数(MO)、中数(MD)以及第三四分位数(Q_3)与第一四分位数(Q_1)的差(Q_3-Q_1)呈现。众数与中数可以在一定程度上显示大部分专家对某一指标的重要性的意见，满分率越高代表专家对某一指标集中认可度越高。测量专家意见集中度还常用第三四分位数与第一四分位数的差来分析，即 $Q_3-Q_1<a(a_n-a_1)$ 公式。我们采用李克特五点量

表，因此赋值 a＝0.45，a_n＝5，a_1＝1，则可得专家意见集中程度的基准值 $a(a_n-a_1)$＝1.8。可见，当 Q_3-Q_1＝0 时，专家意见集中程度最好；Q_3-Q_1＜1.8 时，专家意见集中程度良好；1.8≤Q_3-Q_1≤2 时，专家意见集中程度一般；Q_3-Q_1＞2 时，专家意见集中程度较差，这时该指标的平均值及中数则不能代表专家意见。在处理数据时，应结合具体情况作分析。

为表述方便，将各要素按顺序编号为 A～E，通过整理第一次专家咨询问卷，针对一级指标可以得到如表 6-2 的数据。

表 6-2　第一次专家咨询一级指标情况

一级指标	M	SD	CV	MO	MD	K	Q_3-Q_1
A 弹性的 教学设计能力	4.41	0.60	0.14	5	4	0.47	1
B 适切的 技术融合能力	4.59	0.49	0.11	5	5	0.59	1
C 灵活的 教学实施能力	4.59	0.60	0.13	5	5	0.65	1
D 多维的 评价反思能力	4.24	0.42	0.10	4	4	0.24	0
E 渐进的 教学创新能力	4.29	0.67	0.15	4	4	0.41	1

通过分析数据可以发现，5 项指标的四分位数之差均小于 1.8，可见专家对一级指标的评判集中程度较好。

指标重要程度方面，综合分析各数据与专家意见可以发现："B 适切的技术融合能力"与"C 灵活的教学实施能力"平均值最高，标准差与变异系数较小，满分率最高，说明这两项指标是专家们集中认同的构成生成课堂的教师胜任力的最重要的两项指标。其次为"A 弹性的教学设计能力"，平均值得分位列第二，满分率为 0.47，说明专家们普遍认为这项指标也是重要的构成要素之一。"E 渐进的教学创新能力"平均值为 4.29，标准差与变异系数最高，满分率较低，中数与众数均为 4，因此综合分析可以判断，该项指标是生成课堂的教师胜任力中重要程度位于中后部分的构成要素。"D 多维的评价反思能力"的变异系数是 5 项指标中最低的，但观察数据可以发现其平均值、标准差及满分率也都为 5 项指标中最低，中数与众数均为 4，因此可以判断，专家们一致认为其是生成性教学胜任力中较为次要的指标。

　　采用相同的分析方法对各二级指标数据进行分析（如表 6-3），根据专家意见对指标进行修改完善。

表 6-3　第一次专家咨询二级指标情况

二级指标	M	SD	CV	MO	MD	K	$Q_3 - Q_1$
A1 选择教学理念	4.24	0.64	0.15	4	4	0.35	1
A2 合理分析学情	4.35	0.68	0.16	5	4	0.47	1
A3 制定生成目标	4.35	0.68	0.16	5	4	0.47	1
A4 重组教学内容	4.59	0.60	0.13	5	5	0.65	1
A5 设计教学策略	4.29	0.57	0.13	4	4	0.35	1
A6 预设生成资源	4.35	0.59	0.14	4	4	0.41	1
A7 设计教学评价	4.12	0.68	0.16	4	4	0.29	1
B1 融合技术与教学环境	4.47	0.61	0.14	5	5	0.53	1
B2 融合技术与教学内容	4.71	0.46	0.10	5	5	0.71	1
B3 融合技术与教学法	4.41	0.49	0.11	4	4	0.41	1
C1 创设开放情境	4.47	0.70	0.16	5	5	0.59	1
C2 交互表达能力	4.41	0.60	0.14	4	4	0.47	1
C3 动态调整内容	4.53	0.61	0.13	5	5	0.59	1
C4 组织生成活动	4.47	0.61	0.14	5	5	0.53	1
C5 实施教学监控	4.35	0.48	0.11	4	4	0.35	1
D1 评价生成过程	4.65	0.48	0.10	5	5	0.65	1
D2 评价生成结果	4.24	0.64	0.15	5	4	0.35	1
E1 持续学习	4.29	0.46	0.11	4	4	0.29	1
E2 创新教学实施	4.53	0.61	0.13	5	5	0.59	1
E3 融合现代教育技术	4.24	0.42	0.10	4	4	0.24	0

(二)第二次专家咨询

1. 制定与收发专家咨询问卷

　　参考第一次专家咨询，我们完善了生成课堂的教师胜任力构成要素，在第一次专家咨询问卷的基础上删去了 2 项二级指标，增加了 2 项二级指标，改动了 4 项二级指标，并修改了一些指标描述。依照第一次专家咨询问卷的形式，采用李克特五点量表制作，最终形成了《生成课堂的教师胜任力构成要素咨询(第二次专家咨询)》，整个能力指标体系包含 5 项一级指标与 20 项二级指标。

通过发放纸质问卷与电子邮件的方式向 22 位专家开展咨询，共回收 22 份问卷，其中有效问卷 16 份，问卷回收率 100%，专家参与积极度 16/22≈73%。

2. 数据分析

对第二次专家咨询问卷的回收数据进行整理，得到专家对一级指标的反馈数据，如表 6-4 所示。

表 6-4　第二次专家咨询一级指标情况

一级指标	M	SD	CV	MO	MD	K	$Q_3 - Q_1$
A 弹性的教学设计能力	4.31	0.46	0.11	4	4	0.31	1
B 适切的技术融合能力	4.44	0.50	0.11	4	4	0.44	1
C 灵活的教学实施能力	4.81	0.39	0.08	5	5	0.81	0
D 多维的评价反思能力	4.25	0.43	0.10	4	4	0.25	0.25
E 渐进的教学创新能力	3.88	0.48	0.12	4	4	0.06	0

通过分析数据可以发现，5 项一级指标的平均值在 3.88～4.81 之间，中数与众数在 4～5 之间，说明专家们普遍认同一级指标的重要性；5 项一级指标的标准差均不大于 0.5，变异系数均不超过 0.12，四分位数之差均不大于 1，这说明专家们对修改后的 5 项一级指标认同度较高、意见集中度高。另外，无专家在问卷中对 5 项一级指标提出修改意见。调查结果表明，5 项一级指标得到了专家们的认可。

采用相同的分析方法对各二级指标数据进行分析(见表 6-5)，根据专家意见对指标进行修改完善。

表 6-5　第二次专家咨询二级指标情况

二级指标	M	SD	CV	MO	MD	K	$Q_3 - Q_1$
A1 以生成理念为指导	4.38	0.48	0.11	4	4	0.38	1
A2 合理分析学情	4.13	0.48	0.12	4	4	0.19	0
A3 制定生成目标	4.63	0.48	0.10	5	5	0.63	1

续表

二级指标	M	SD	CV	MO	MD	K	Q₃－Q₁
A4 重组教学内容	4.50	0.50	0.11	5	4.5	0.50	1
A5 预设生成资源	4.44	0.50	0.11	4	4	0.44	1
B1 融合技术与教学环境	4.31	0.46	0.11	4	4	0.31	1
B2 融合技术与教学内容	4.56	0.50	0.11	5	5	0.56	1
B3 融合技术与教学法	4.63	0.48	0.10	5	5	0.63	1
B4 教师技术应用意识	4.38	0.48	0.11	4	4	0.38	1
C1 创设开放情境	4	0.50	0.13	4	4	0.13	0
C2 交互表达能力	4.63	0.48	0.10	5	5	0.63	1
C3 动态调整内容	4.81	0.39	0.08	5	5	0.81	0
C4 组织生成活动	4.56	0.50	0.11	5	5	0.56	1
C5 实施教学监控	4	0.50	0.13	4	4	0.13	0
D1 评价设计能力	4.13	0.48	0.12	4	4	0.19	0
D2 评价生成过程	4.81	0.39	0.08	5	5	0.81	0
D3 评价生成结果	4.63	0.48	0.10	5	5	0.63	1
E1 持续学习能力	4.06	0.43	0.11	4	4	0.13	0
E2 创新教学能力	4.81	0.39	0.08	5	5	0.81	0
E3 创新信息技术应用能力	4.31	0.46	0.11	4	4	0.31	1

通过观察数据，发现二级指标的平均值均不小于4，中数与众数在4~5之间，标准差在0.39~0.5之间，变异系数在0.08~0.13之间，四分位数之差均不大于1，可以看出专家意见离散程度低、集中度高、协调度高，这表明专家认同所构建的二级指标的重要程度。3位专家在问卷中对二级指标的具体表述提出了建议，我们参照专家意见作了部分修改。

二、评价指标具体描述

(一)教师胜任力评价指标要素

数据显示，修改后的生成课堂的教师胜任力构成要素得到专家一致认可，专家意见高度统一。经过修改，我们最终确定了生成课堂的教师胜任力评价指标要素及其具体描述，如表6-6所示。